예수, 내게로 오다

예수, 내게로 오다

2024년 4월 1일 처음 펴냄

글쓴이 박현욱
펴낸이 홍인식
펴낸곳 도서출판 엘까미노(제 2021-000015호)
디자인 송혜근
편집 정리연

주소 경기도 시흥시 마유로 443번길
전화 010.7383.7124
이메일 elcamino79@naver.com
인스타그램 elcamino7979

Copyright ⓒ 박현욱, 2024

이 책은 저작권법에 따라 보호받는 저작물이므로 무단 전재와 복제를 금합니다.
잘못된 책은 바꾸어 드립니다. 책값은 뒤표지에 있습니다.
전자책으로도 만나 볼 수 있습니다.

ISBN 979-11-980438-9-4

예수, 내게로 오다

글쓴이 박현욱

엘까미노

들어가는 말

 나는 니고데모였다. 야심한 밤에 남몰래 예수를 찾아가 대화를 나눴던 사내 말이다. 나도 그처럼 성경을 묵상했고, 신학에 빠져들었다. 우주와 삶, 신과 존재, 역사와 현실에 대한 질문을 안고 탐독하며 배워 나갔다. 니고데모가 내면의 답답함과 의문을 품고 예수를 찾아가 만났듯이 나도 예수를 만났다.

 이 책은 내가 만난 예수에 대한 기록이다. 가부장적, 권위적, 초월적 이미지의 하나님을 떠나보내고 어머니처럼 따스하게 공감하고, 위로하며, 격려하는 하나님이 내 존재에 스며들었다. 예수에게서 가장 진실되고, 참된 인간성을 발견했다. 인간 예수를 만나는 순간 하나님을 만나고 있음을 깨달았다. 신이 인간의 내면에 들어와 호흡하며 참다운 인간으로 살았던 존재와 대화한 것이다.

니고데모는 예수와 대화한 후, 무미건조한 신을 떠나보내고 신선한 리듬과 생동감으로 가득 찬 하나님을 느꼈다. 나도 판단하고, 평가하며, 심판하는 하나님을 떠나보냈다. 그 후로 하나님은 바람처럼 다가와 호흡이 되었다. 숨통이 트였다. 내 가슴은 따스해졌고, 친절함이 찾아왔다. 글을 쓰면서 예수 옆에 앉아 그분의 숨결을 들을 수 있었다. 그 리듬에 따라 함께 호흡하며, 대화를 나눈 특별한 시간이었다.

예수와 대화할수록 나는 나 자신의 내면을 대면하게 되었다. 그 속에서 하나님과 하나 되는 경험을 했다. 나와 하나님, 우주와 나, 하나님과 우주가 모두 하나로 연결되어 있다는 깨달음이 찾아왔다. 이 깊은 하나 됨의 경험 속에 깊은 평온함이 내 마음에 내려앉았다.

출간에 뜻이 없던 내게 출판을 권유하며 지지해주신 홍인식 목사님, 책을 정성껏 만들어 주신 출판사 식구들에게 진심으로 감사드린다. 이 책을 사랑하며 존경하는 아내 희정, 사랑하는 예준이와 예지에게 바친다.

박현욱
2024년 봄

차례

들어가는 말_5

1부
시작에서 오다

이야기의 시작(1:1-34)_13

첫 만남(1:35-51)_18

감춰진 대화(2:1-12)_24

성전을 무너뜨린 사나이(2:13-25)_29

내가 알지 못했던 하나님(3:1-36)_34

타는 목마름에 허덕이는 그대에게(4:1-42)_40

기적을 만드는 기적(4:43-54)_47

더 이상 일어설 수 없는 그대에게(5:1-47)_51

작은 나눔, 큰 기적(6:1-15)_56

그 사람, 어디 출신이야?(6:16-7:53)_60

세상도, 자신도 버린 여인(8:1-11)_68

출구가 없는 대화(8:12-59)_74

2부
사람으로 살다

누구의 탓일까?(9:1-41)_85

좋은 지도자란?(10:1-42)_92

슬픔에 머문다는 것(11:1-44)_97

정의라는 이름의 불의(11:45-57)_107

향기와 눈물이 있는 저녁식사(12:1-11)_111

자전거를 탄 지도자(12:12-19)_119
동상이몽(12:20-50)_124
절망 속의 빛(13:1-20)_130
배반의 그늘(13:21-30)_136
늦은 밤의 은밀한 이야기(13:31-14:31)_145
포도밭에서 나눈 이야기(15:1-27)_151

3부
부활을 향하다

소개팅(16:1-33)_159
어둠 속의 기도(17:1-26)_165
불안, 공포 그리고 강박증(18:1-18)_170
판단 받는다는 것(18:19-40)_178
고통의 끝에 선 인간(19:1-42)_189
상실의 동굴에서 찾은 희망(20:1-18)_196
부활, 생명으로 가득 찬 신비(20:19-31)_202
먹고 산다는 것(21:1-14)_207
마지막 대화(21:15-25)_212

추천하는 말 김회권_216
　　　　　　이주향_219
　　　　　　정경일_221
　　　　　　한완상_224

1 시작에서 오다

이야기의 시작

(요 1:1-34)

그 이야기는 태초에서 시작된다. 우주가 시작된 그 날 과연 무엇이 있었을까? 우주가 빅뱅의 서곡을 알릴 때, 어떤 존재가 있었을까? 에너지가 있었던 것은 분명하다. 그렇다면, 그 에너지와 힘은 무엇이었을까? 그곳에는 모든 것에 의미를 불어넣는 신이 있었다. 깊은 어둠에 빛을 불어넣고, 생명을 존재하게 한, 바로 하나님이었다.

그는 생명이 풍성하게 싹트는 과정에서 자신을 드러내는 생기 같은 존재였다. 바람처럼 주변을 감싸기도 하고, 존재의 내면에 스며들기도 했다. 그는 인간들 사이에, 심지어는 사람들 안에 존재했지만, 그들은 알지 못했다. 사람들은 산에 조각품을 세워두고 경배드릴 줄만 알았지 자신 안에서 함께 호흡하는 신의 존재는 알아차리지 못했다. 하나님의 참다운 존재를 경험하지 못하는 것은 어둠이었다.

이런 어둠의 시대에도 광야에서 진리의 길을 외치는 사

내가 있었다. 그의 이름은 요한이었다. 요한 앞에 한 청년이 다가왔다. 요한은 그 청년의 특별함을 직감했다. 그에게서 하나님이 느껴졌다. 신이 인간의 내면에 들어와 인간과 호흡하고, 참다운 인간으로 산다는 게 무엇인지 아는 사람을 만난 느낌이었다.

"바로 이분입니다! 제가 말했던 빛이 바로 이 사람입니다!" 요한이 말했다.

요한에게는 빛이 무엇인지 알아보는 안목이 있었다. 사람들은 요한을 빛으로 추종하면서 에워쌌다. 그는 자신은 빛이 아니라고 말했다. 하지만 요한의 마음을 너무도 괴롭히고 불편하게 하는 게 있었다. 유대교의 예식에 도취되어 자신들이 남들과는 다른 의롭고 우월한 존재라고 생각하는 사람들이었다. 당시 유대인들은 헤롯 대왕이 건축한 성전에서 제물을 바치며 이스라엘의 유일신을 섬기고 있다는 자부심에 가득 차 있었다. 하지만 요한의 눈에는 유대 지도자들이야말로 하나님에게서 가장 멀리 떨어져 진실을 외면하며 사는, 하나님과 무관한 이방인들이었다. 어둠이 깊이 드리운 시기였다. 마치 이집트의 파라오 밑에서 노예로 종살이하던 이스라엘과 다를 바가 없었다. 제2의 출애굽이 필요한 눈물의 시대였다. 이때야말로 모세와 같은 지도자가 등장해야 하는 시기였다.

"이분이 유월절 어린양입니다! 세상 죄를 용서하실 분

입니다!" 요한은 자신 앞에 나타난 청년을 보고 외쳤다.

유대인들은 진정한 자유가 무엇인지도 모른 채 종교적인 행위의 노예가 되어 살고 있었다. 유대 지도자들은 로마인들이 무력으로 만들어 낸 평화에 도취되어 현상 유지에 급급했다. 이런 시기에 유월절 어린양은 위험한 상징이 아닐 수 없었다. 유대 백성이 로마제국의 노예가 되어 착취당하고 있다고 말하는 것이었다. 전통적인 유대교는 제도화되어 체제를 유지하는 수단, 자기 만족적인 기만 수단으로 전락했다. 이스라엘은 강력한 군사력을 바탕으로 팍스 로마나를 내세우는 로마 체제의 부속품이었다. 예수를 유월절 어린양이라고 선언한 건 이 시대가 파라오의 폭정에 신음하는 시대라는 표현이었다.

하지만 유대 지도자들은 로마제국과 함께 공존하면서 자신의 권력과 지위를 유지했다. 종교적인 권위를 확보하면서도 로마제국의 군사력에 의존하는 방식이야말로 자신들의 기득권을 유지하는 데 최상의 조합이었다. 그들은 현상 유지를 원했다. 요한은 변화를 거부한 채 제도의 일부가 되어 기계적으로 사는 유대 지도자들을 전면적으로 비판했다. 요한은 인간의 변혁을, 사회적 혁신을 믿었다. 그 꿈을 실현해줄 사람이 등장했다고 선언했다. 예수야말로 그가 그리던 인물이었다.

요한은 예수에게 세례를 주었다. 세례는 물로 몸을 씻

는 의식이다. 이전의 더러움을 떨쳐버리고 새로운 단계로 나아가는 정결 예식이다. 하나님과 새 출발 하겠다는 선언이다. 예수가 세례를 받자 신비한 일이 일어났다. 거룩한 영이 비둘기처럼 부드럽게 예수 위에 내렸다.

"저는 거룩한 영이 이분에게 내려오는 것을 보았습니다. 비둘기처럼 이분 위에 머물렀습니다. 저는 이분이 거룩한 영으로 여러분에게 세례를 줄 분임을 압니다. 이전에는 물로 새롭게 되었지만, 이제는 내면에서부터 새롭게 되는 변화를 경험하게 될 것입니다. 저는 이분이 그런 일을 이룰 것이라고 선언합니다." 요한이 말했다.

지금까지 사람들은 종교적인 예식을 통해서 하나님을 만날 수 있다고 생각했다. 그런데 이런 예식을 뛰어넘어서 하나님과 인간을 연결할 예수가 나타났다. 문제는, 변두리 촌구석 공사판에서 이리저리 떠돌던 초라한 목수의 머리에 성령이 내린 것이었다. 그는 제사장 가문 출신도, 공식적인 율법 교육을 받은 인물도 아니었다. 평범하다 못해 모자라 보이는 사람에게 너무나 신비한 일이 일어났다. 나사렛 목수에게 하나님의 영이 임했다는 사실은 놀라운 가능성이자 혁명이었다. 모든 인간에게 하나님을 경험할 수 있는 길이 열렸다는 선언이기 때문이었다.

예수는 이렇게 하나님을 직접 만나고 경험했다. 사람들은 하나님을 만나기 위해서 성전을 방문할 필요가 없어졌다. 예수의 등장은 하나님과 인간을 중개하는 자리에서 힘과 권위를 유지해온 성직자들에게 큰 위협이었다. 예수에 따르면 제사나 성전이 필요 없었다. 하나님에게서 멀어진 사람들에게도 성령이 직접 찾아오기 때문이다. 삶의 의미에서 소외된 사람들이 성전에서 제물을 드리지 않아도 하나님을 경험하는 길이 열린 것이다.

하늘로부터 예수에게 임한 성령은 오늘도 우리 존재 안으로 스며들어 말을 건넨다. 우리가 마음을 열면 내면의 참다운 자아를 만나게 된다. 우리의 자아를 새로운 길로 이끄는 빛을 발견하게 된다. 그 빛이 우리를 이집트의 노예 상태에서 해방한다. 그 빛은 성령을 통해 우리 안에서 진실을 직면하게 하고, 기적을 이뤄낸다. 하나님은 더 이상 외부의 초월자에 머무르지 않는다. 하나님이 인간과 하나 되어 공존한다는 기적 같은 이야기가 요한복음의 전주곡이다.

태초에 우주를 창조한 신이 인간에게 경험되고, 그 내면에 함께 한다. 예수는 인간이 인간다워지는 길은 신을 온전히 경험하고, 하나님과 공존할 때만 가능하다는 메시지를 던진다. 하나님은 바람처럼, 호흡처럼 우리와 함께한다. 그분을 느끼고, 그 흐름에 자신을 맡기면 우리가 시작된 곳, 창조의 근원으로 돌아간다. 그 길에는 진정한 자유가 기다린다. 그와 함께 하는 곳에 자유가 있기 때문이다.

첫 만남

(요 1:35~51)

 예수와의 만남은 기적이었다. 그를 만난 사람들은 결코 이전과 같이 살 수 없었다. 그는 유월절 어린양처럼 혁명적인 존재였기 때문이다. 요한은 친구 두 명과 바닷가에서 일하고 있었다. 하지만 뭔가 모를 힘에 이끌려 그를 따라나섰다. 세례 요한이 했던 말을 기억하기 때문이었다.

 '유월절 어린양!'

 그들은 예수를 쫓아가 반나절을 함께 보냈다. 그 만남을 통해 그들이 어떻게 변화되었는지는 정확히 알 수 없다. 하지만 함께했던 안드레가 자기의 형 베드로를 데려온 걸 보면, 삶이 변화되는 경험을 한 게 아닐까?

 예수는 만나는 사람들에게 깊은 인상을 남겼고, 그 만남은 그들을 변화시켰다. 예수와 베드로의 대화는 이 만남의 기적이 어떻게 시작되었는지 말해준다.

 "시몬! 이제 당신을 베드로(바위)라고 부르겠어요." 예수가 베드로에게 처음으로 건넨 말이다.

'시몬'이라는 말에 베드로는 움직일 수 없었다. 뭉클해졌다. 이토록 섬세하게, 따뜻하게 그의 이름이 불렸다는 사실에 놀랐다. 그의 마음에 굳건히 버티고 있던 벽이 무너져 내렸다. 예수의 언어에는 사람을 변화시키는 따스함과 감수성이 있었다. 그 진실한 음성은 존재를 변화시키는 힘을 가지고 있었다. 그의 음성 앞에서는 직업, 가문, 배경이 무의미하게 느껴졌다. 그 부름 앞에서 존재의 소중함과 고결함이 있는 그대로 드러나는 듯했다.

예수는 시몬에게 '베드로'라는 새 이름을 주었다. 예수는 시몬과 가슴으로 공감할 뿐만 아니라 그의 존재에서 새로운 가능성을 발견했다. 시몬은 조급하고 변덕이 심한 갈대 같은 사람이었다. 그러한 시몬에게 '바위'라는 뜻의 베드로는 어울리지 않는 이름이다. 하지만 예수는 시몬이 베드로가 될 것을 알았다. 갈대가 바위처럼 견고하게 성장할 것을 내다보았다. 시몬이 베드로라는 이름에 걸맞게 성숙하게 된 것은 한참 뒤의 일이다. 베드로는 예수를 지키겠다고 공언하지만, 어린 하녀의 추궁에 세 번씩이나 예수를 부인하게 된다. 베드로라는 이름이 무색하다. 그러나 말년의 베드로는 사형의 위험을 무릅쓰고 로마에 입성해서 십자가에 거꾸로 달려 순교한다. 변함없이 충성하는 바위 같은 존재임을 삶으로 보여주었다.

예수처럼 인간을 바라보는 것은 거의 불가능한 일이다.

자녀를 키워본 사람들은 잘 안다. 아이를 있는 그대로 사랑하고, 아이의 가능성을 바라보며 기쁜 마음으로 기다리는 게 얼마나 대단한 일인지 말이다. 우리는 어린아이의 지능과 외모에 흥분해서 자랑한다. 하지만 아이가 커 갈수록 아이를 존재 그대로 받아들이는 게 어려워진다. 나이 들어 취업이나 제대로 할지, 뭘 먹고 살지 걱정된다. 아이의 재능을 발견해도, 당장 돈벌이가 안 될 것 같아서 좀 더 안정적인 길을 택하라고 권유하는 게 현실이다. 하지만 예수는 사람을 있는 그대로 사랑하고, 수용한다. 한 인간의 긴 미래를 내다본다. 가능성을 보고 새로운 이름을 지어준다. 우리는 많은 순간 취업과 밥벌이라는 단기적인 시각으로 자녀를 재단하곤 한다. 사랑이라는 이름으로 잔소리와 조종을 서슴지 않는다. 아이 안에서 살아 움직이는 DNA의 가능성을 알아채고 이를 지지하고 믿어주는 것이 부모의 길일 텐데 말이다. 예수야말로 좋은 엄마이자, 아빠였다.

만남의 이야기는 예수가 나다나엘을 부르는 장면으로 이어진다. 빌립은 갈릴리에서 예수를 만나 제자가 되었다.

"나다나엘, 나는 율법과 예언서에서 말하던 우리의 참 지도자를 만났어! 그분 이름은 예수야. 나사렛 출신인데 요셉의 아들이지." 빌립이 친구 나다나엘에게 자랑했다.

"나사렛은 빈민촌이잖아. 거기서 제대로 된 사람이 나

올 수 있겠어?" 나다나엘은 예수가 나사렛 같은 가난한 마을 출신이라는 말에 불편함을 느꼈다. 그는 빌립에게 떠밀려서 예수에게 갔다.

"이 사람은 진실한 사람이군요. 그에게서 거짓과 위선을 찾을 수 없네요." 예수가 나다나엘을 보자마자 말했다.

나다나엘은 이 말에 놀랐다. 사람들은 그를 냉소적이거나, 차갑다고 말하곤 했다. 그의 진심을 알아주는 사람은 빌립과 같은 절친 몇 사람뿐이었다. 하지만 그의 마음속에는 항상 진리와 정의, 공평에 대한 목마름이 있었다. 이런 갈증은 그 누구에게도 온전히 털어놓을 수 없었다. 그런데 생전 처음 보는 예수가 자신의 폐부를 찌르는 이야기를 하는 것이었다.

"왜 그런 생각을 하신 건가요? 저에 대해서 모르시잖아요."

"저는 오늘 당신을 만나기 전에 이미 당신을 보았습니다. 그때 당신은 무화과나무 아래 있었지요." 예수는 대답했다.

예수의 이 말 한마디에 나다나엘은 예수를 하나님의 아들이라고 인정했다. 그 순간 자신의 삶을 예수에게 의탁한 것이다. 도대체 무슨 일이 일어난 것일까? 예수를 비천한 나사렛 출신이라고 비꼬던 나다나엘이 무화과나무 아래 앉아 있던 자신을 보았다는 예수의 말에 무너져 내렸다.

나다나엘이 무화과나무 아래서 기도를 했는지, 생각에 잠겼는지, 이스라엘의 과거와 현실에 대해 고민했는지, 제자들을 가르치고 있었는지는 알 수 없다. 그 나무 아래서 어떤 일이 있었는지는 수수께끼로 남아 있다. 그러나 무화과나무 아래라는 공간은 나다나엘에게 특별한 의미가 있었던 것 같다. 그가 거기에서 개인적으로 엄청난 트라우마를 겪었을 수도 있고, 하나님을 만나는 신성한 경험을 했을 수도 있다. 무화과나무 아래에서 하나님과 나다나엘만이 알고 있는 내밀한 사건이 있었던 것만은 분명해 보인다.

예수는 지금도 내게 다가와서 무화과나무 아래 앉아 있는 나를 보았다고 말한다. 누구도 나를 이해하지 못하는 순간에 옆에서 나를 지켜보았다고 말하는 것이다. 누구에게도 말할 수 없는 부끄러움과 연약함이 쌓여 있는 장소, 베일 속에 감춰진 수치의 장소에 예수는 함께 한다. 그리고 나다나엘을 격려하고 위로했듯이 내게 말을 건넨다.
"괜찮아. 너는 소중한 사람이야."

우리에게는 남에게 말 못 할 시간과 장소가 있다. 폭로되면 무너질 것 같은 부끄러운 곳이 있다. 예수는 그곳에서 나를 보았다고 말한다. 그 장소는 내게 그렇듯이 예수에게도 의미가 있다. 그래서 예수는 일부러 그곳을 바라본다. 하지만 그 눈길은 심판과 정죄의 눈길이 아니다. 마음의 가장 깊은 곳에 감춰진 두려움을 읽어 내고, 나를 지지해주고 믿어주는 따스한 눈길이다. 예수의 눈길은 통찰력으로 번득인다. 나다나엘에게서 진실과 정직이라는 자질을 읽어 냈듯이.

정말 나다나엘이 항상 진실하고 정직한 행동만 했을까? 그렇게 생각하지 않는다. 예수는 사랑으로 가득 찬 엄마가 자식을 바라보는 따스한 시선으로 존재의 이면에 감춰진 것을 보았다. 예수는 나다나엘 자신도 인식하지 못했던 자질을 끌어내어 거기에 생명을 불어넣어 주었다. 그리고 진실과 정직이라는 이름을 붙였다. 예수를 어찌 스승으로 섬기지 않을 수 있겠는가? 예수는 만나는 사람들에게 생기, 활력, 희망, 용기를 불어넣어 준다. 진정한 희망은 항상 참다운 현실 인식을 수반한다. 그런 눈만이 미래의 희망을 준다.

지금도 느낀다. 예수가 내 수치와 연약함을 따스한 눈으로 바라보고 있음을. 그는 다른 사람들에게 내 부끄러움을 떠벌리지 않는다. 나만 알 수 있는 언어로 내 상처를 어루만져준다. 자존심이 상하지 않으면서도 진실을 직면하게 해준다. 미래를 향해 나아갈 수 있는 새로운 희망도 불어넣어 준다. 나도 알지 못했던 나를 발견하게 한다.

감춰진 대화

(요 2:1-12)

    성경은 인생을 잔치에 비유한다. '삶은 축제다'는 말만 떠올려도 마음에 생기가 돈다. 그러나 우리네 삶은 고되고, 가슴 아픈 일들로 가득 차 있다. 끊이지 않는 이별과 죽음의 소식에 가슴이 미어진다. 그럼에도 삶에는 탄생이 있다. 탄생은 결혼에서 시작된다. 두 사람이 만나 백년가약을 맺는다. 언제 봐도 아름답고 흥겨운 순간이다. 예수의 첫 방문지는 가나 마을의 결혼식장이었다. 부부의 만남을 축하해주려고 흥겨운 마음으로 축제장에 가는 예수. 그 모습을 떠올리면 마음이 가벼워지면서 왠지 기분이 좋다. 예수는 삶의 기쁨을 즐길 줄 알았다. 그 유쾌함을 떠올리면 그와 사귀고 싶어진다.

    그런데 문제가 생겼다. 잔치의 꽃, 포도주가 떨어진 것이다. 이제는 술 대신 물을 마시고 말똥말똥한 상태에서 사람들과 대화를 나눠야 한다. 삶의 팍팍한 짐을 그대로 감당해야 하는 지경이 되었다.

포도주는 함께한 사람들을 하나로 묶어 주는 힘을 가지고 있다. 얼마 전 아내를 여읜 뒤로 입을 다물어버린 사내도 포도주를 마시면, '죽고 싶다'라고 한탄할 힘이 생긴다. 말단직원도 자신을 끊임없이 괴롭히는 상사 앞에서 자기의 입장을 털어놓을 용기가 생긴다. 술김에 말이다. 그런 의미에서 포도주는 진실을 말하게 하는 마법의 물약이다. 진실을 나누면서 치유를 경험하게 하는 만남을 이뤄내는 촉매다. 그래서 포도주는 생기 있는 공동체의 상징이다. 마법의 물약을 먹고 진실을 말하는 순간, 우리는 하나의 공동체로 연결된다.

그러나 삶의 포도주는 언젠가는 바닥난다. 인생에서 우리는 축제를 즐긴다. 술 한 잔에 취해 삶을 만끽하고 축제가 주는 만족감에 젖어 든다. 그런데 인생의 축제는 언젠가 마감할 때가 온다. 포도주가 바닥나는 때가 있는 것이다. 포도주가 없을 때 우리는 어떻게 해야 할까? 삶이 너무도 덧없게 느껴질 수 있다. 그럴 때 우리는 마리아가 예수에게 말했듯이 포도주가 바닥났다고 말해야 한다. 내 삶의 포도주가 바닥나서 어떠한 기쁨도 없다고, 그래서 우울하다고 예수에게 이야기해야 한다.

"포도주가 바닥났단다." 마리아는 아들 예수에게 말했다.

"그것은 우리가 관여할 일이 아닙니다. 제때가 아니니

재촉하지 마세요." 예수의 대답은 냉랭하기 그지없었다.

"무슨 일이든지, 이분의 지시대로 하세요." 마리아는 마치 예수의 대답을 못 들었다는 듯이 잔칫집 종들에게 말했다. 마리아는 예수의 말에 반하는 지시를 시종들에게 내렸던 거다.

"항아리에 물을 가득 채우도록 하세요. 그리고 퍼서 사람들에게 나눠주세요." 조금 전에는 이 문제에 끼어들지 않겠다고 하더니, 예수도 자신의 첫 발언과 반대되는 지시를 내린다. 어떻게 보면 마리아와 예수는 서로 뚱딴지 같은 이야기를 하는 것 같다. 교묘하게 서로의 말을 무시하는 것처럼 보인다. 하지만 자세히 들여다보면, 서로의 마음을 너무도 잘 이해하는 사람들 사이에서만 오갈 수 있는, 보이지 않는 언어로 가득 차 있는 대화임을 발견하게 된다. 포도주가 떨어진 잔칫집에서 어머니와 아들이 그들만의 내밀한 대화를 하고 있는 것이다.

마리아는 아들 예수가 이 문제에 개입해야 할 때가 왔음을 직감했다. 그래서 포도주가 바닥났다는 사실을 아들에게 알려준다. 아들은 어머니의 이 말이 '아들아, 네 때가 온 듯하구나'라는 의미의 다른 표현이라는 것을 감지한다. 하지만 아직 예수는 마음의 준비가 되어있지 않았다. 그래서 예수는 이 문제에 개입하지 말자고, 자신은 아직 준비되어 있지 않다고 말한다. 하지만 어머니 마리아는 예수의 마음에 어떤 미묘한 변화가 일어나고 있음을 느꼈다. 내면에 어떤 확신이 서지 않아서 그렇게 말했다는 걸. 그녀의 귀에는 이런 부정적인 아들의 말이 "어머니는 어떻게 생각하시나요?"라는 질문으로 들렸다. 그 질문에 마리아는 강력한 행동으로 대답했다. 종들을 불러서 예수의 지시에 따르라고 명령한 것이다.

나는 한때 마리아의 이런 행동이 아들 예수의 의견을 무시하는 무례한 행동처럼 느꼈다. 아들은 안 하겠다고 하는데 그 말을 완전히 무시한 채 반대되는 행동을 감행하는 것으로 비쳤다. 마리아가 자신의 고집만 내세우는 문제 많은 엄마가 아닌지 의문스러웠다. 그러다가 평소 서로의 이야기에 온전히 귀를 기울였을 때만 나눌 수 있는 대화임을 깨달았다. 당사자들만 온전히 이해할 수 있는 깊은 언어였다. 마리아는 스스로 확신하지 못하고 주저하는 아들에게 "나는 너를 믿는다"라는 강력한 신호를 보낸 것이었다. 불안으로 가득 찬 아들에게 확신을 심어주고, 용기를 주고, 지지해줬다. 아들에게 다른 질문이나 대답을 해서 아들의 불안을 증폭시킬 생각이 전혀 없었다.

"무슨 일이든지, 이분의 지시대로 하세요." 오히려 다른 사람들에게 아들을 전폭적으로 신뢰하는 사람만이 할 수 있는 말을 했다.

예수의 최초 기적이 어머니 마리아와의 합작품이라는

사실이 의미심장하다. 어머니의 지지와 믿음, 신뢰가 인류에게 포도주를 선사한다는 놀라운 은유다. 예수를 움직이게 한 것도 어머니의 믿음과 사랑이었다. 두려움으로 가득 찬 이 세상을 축제로 만들어 주는 건 마음과 마음이 오가는 대화다. 가나의 축제 테이블에서 아들 예수와 어머니 마리아가 나눈 대화는 아름다운 포도주 향기처럼 마음에 스며든다. 경청과 믿음, 사랑과 용기가 오가는 대화가 식탁에 넘친다면 우리의 삶은 날마다 축제일 것이다.

성전을 무너뜨린 사나이

(요 2:13-25)

 따뜻한 봄이 찾아오고 유월절이 돌아왔다. 예수도 여느 유대인들과 마찬가지로 예루살렘으로 올라갔다. 유월절은 축제의 시기다. 축제 시즌은 상인들에게 대목을 의미했다. 지역경제가 활성화되는, 더할 나위 없는 기회였다. 유대, 갈릴리, 유럽, 아프리카에 흩어져 있던 유대인들이 예루살렘에 모두 모였다. 이들이 예루살렘에 오면 숙소도 구하고, 음식도 사 먹고, 제물도 구매했다. 좋은 관광객들을 유치하게 되는 셈이다. 각 나라에서 예루살렘에 모인 사람들은 자신이 거주하는 나라의 화폐를 쓸 수 없어서 환전을 해야 했다. 많은 사람이 거액을 환전하는 시장이 생겼다. 문제는 환전 장소가 성전이었다는 거다.

 원래 성전은 하나님의 임재를 상징하는 거룩한 장소였다. 이곳에서 유대인들은 거룩한 제사를 통해서 하나님을 경험했다. 각종 제사 의식은 그들이 하나님과 특별한 관계를 맺은 백성임을 증거 하는 표징이었다. 그런데 제사장들, 사두개인들을 비롯한 이스라엘의 지도층들이 성전에서의 환전, 제물 장사에 개입했다. 한 몫 챙길 수 있는 기회를 놓칠 수 없었다. 거룩함과 신비를 상징하는 장소가 돈과 탐욕을 채우는 장소로 변질되고 말았다.

성전에서 은행 업무를 처리하고, 쇼핑까지 하는 것은 너무 편안하고, 자연스러운 일이었다. 성전에는 환전상들과 제물 거래상들, 돈을 바꾸고 제물을 구매하려는 사람들로 북새통을 이뤘다. 그런데 예수가 그 한 가운데서 채찍을 들었다. 채찍을 휘둘러 환전상들의 금고가 놓인 탁자를 뒤엎어 버렸다. 각국의 금화가 바닥에 흩어졌다. 양, 소, 비둘기 같은 제사용 짐승을 파는 장사치들도 짐승들과 함께 내쫓겼다.

"이 모든 것을 당장 치우십시오! 이곳은 하나님과 거룩한 만남을 갖는 장소입니다. 돈과 탐욕으로 오염시키지 마십시오!" 예수는 소리쳤다.

"당신이 무슨 권한으로 이런 일을 벌이나요? 우리의 점포를 철거할 집행문이나 영장이 있나요?" 갑자기 장사밑천을 잃어버린 사람들이 예수께 따졌다.

"돈과 탐욕에 물든 성전은 허물어져야 하고, 허물어질 수밖에 없습니다. 성전은 인간이 하나님을 만나는 신비한 장소입니다. 그런 거룩한 만남이 제 안에서 이뤄졌고, 여러분 안에서도 이뤄질 것입니다." 예수가 대답했다.

예수는 성전 안의 은행과 백화점을 뒤엎어 버렸다. 이후로 모든 것이 달라졌다. 사람들은 이제 더 이상 성전을 상점과 동일시할 수 없었다. 성전이 무엇인지 질문하기 시작했다. 돈과 탐욕으로 신앙이 오염된 것은 아닌지 고민하기 시작했다. 오랜 시간 형성된 관행이 더 이상 당연하게 보이지 않았다. 이 성전이 하나님에 대한 신앙을 가로막고 있는 건 아닌지 의문이 싹텄다.

제사장들은 더 이상 하나님과 인간을 만나게 해주는 안내자나 통로가 되지 못했다. 그들은 신앙으로 지위를 유지하고, 돈벌이에 급급했다. 믿음 좋은 사람은 거액을 지불해서 소를 제물로 드린다. 믿음이 부족한 사람은 쥐꼬리만 한 돈으로 비둘기를 제물로 바친다. 하나님에 대한 신앙의 크기는 제물의 크기로 평가되었다. 훌륭한 믿음은 값비싼 제물로 평가되었다. 이를 위해 외화를 바꿀 환전상이 필요했고, 제물을 거래할 상점이 필요했다.

오늘날 우리도 쇼핑하듯이 신앙생활을 한다. 교회에서 신앙은 헌금 액수로 평가되고, 봉사한 시간으로 환산되기도 한다. 예수는 지금 우리에게 참다운 신앙이 무엇인지 질문하고 있다. 교회 생활의 의미가 무엇인가? 교회 활동에만 몰입하는 것이 신앙인가?

성전은 헤롯 대왕이 사십육 년에 걸쳐 지은 대단한 건축물이었다. 유대교는 성전을 떠나서 상상할 수 없었다.

그런데 예수의 행동은 환전상과 상점을 물리적으로 폐쇄하는 데 머물지 않았다. 그것은 시작에 불과했다. 그는 성전 중심의 종교체제에 도전했다. 이런 성전은 허물어져야 하고, 허물어질 수밖에 없다고 말했다. 제사와 예식을 중심으로 한 유대교 신앙에 일대 혁신을 주장하는 것이다. 예수는 누구보다 깊이 하나님을 경험하고 만났다. 그래서 하나님이 임재하는 자신의 몸이야말로 성전이라고 생각했다. 더 나아가 성전은 별도의 성스러운 공간이 아니라 하나님과 동행하는 삶의 현장이라고 한다. 더 이상 성전, 예물, 제사가 필요 없어졌다. 지금, 이 순간 우리에게 필요한 것은 하나님을 직접 만나는 신성한 경험이다. 하나님과 동행하고 있다면, 바로 그 자리가 성전인 것이다.

이 사건은 예수를 죽음으로 이끌었다. 예수가 성전을 정화하면서 했던 말과 행동은 이스라엘 지배체제에 대한 정면 도전이었다. 예수가 세력을 얻을수록 유대 지도자들의 입지는 줄어들었다. 그들은 자신들의 권력과 부를 지키기 위해 예수를 죽여야 한다는 결론에 이른다. 예수가 했던 말과 행동은 재판정에서 불리한 증거로 활용되었다. 종교적으로는 성전 모독죄가, 정치적으로는 반역죄가 적용되었다. 결국, 예수는 십자가에서 사형에 처하게 된다.

예수는 지금도 기독교에 가장 위협적인 인물이다. 화려한 건물을 건축하기 위해서 헌금을 독려하고, 성도들을 교회 테두리 안에 가둬두고, 그 안에서 지위와 권력을 배분하는 제도 종교를 신랄하게 비판하기 때문이다. 돈과 권력을 숭배했던 성전은 로마 티투스 황제에 의해 실제로 무너졌다. 탐욕에 물든 종교는 무너질 수밖에 없다. 그 폐허 사이로 참다운 신앙이 싹튼다. 하나님이 어두움 속에서 우리를 찾아오는 것이다. 예수는 참다운 신앙과 진리는 화려한 건축물에 머무는 게 아님을 말하고자 했다. 오히려 소박한 인간의 내면에 있다고 말이다. 하나님을 만나 대화하는 자리에 성전이 세워진다. 그 만남이 씨실과 날실이 되어 아름답게 교차하면서 멋진 건물이 세워진다. 예수야말로 가장 아름다운 성전이다. 예수에게서 하나님과 인간이 신비하게 연합된 걸작품을 발견하기 때문이다.

내가 알지 못했던 하나님

(요 3:1-36)

 그때는 밤이었다. 니고데모와 같은 상류층 엘리트가 예수를 만나는 것은 위험한 일이었다. 성전사건 이후 예수는 유대 지도층들에게 위험인물이 되었다. 엘리트들은 그의 행동을 도저히 이해하지 못했다. 예측할 수 없어서 더 위험하게 보였다. 예수가 고결한 가문 출신도 아니고, 교육도 받지 못한 나사렛 출신 목수였기에 더 두려웠다. 니고데모 같은 상류층이 동료들의 이목을 피해서 예수를 찾은 것은 당연한 일이었다.

 니고데모는 왜 야심한 밤에 이렇게 위험천만한 인물을 찾아 나섰을까? 그의 주변에는 유대교의 진리를 가르쳐 줄 제사장, 서기관, 바리새인이 많았다. 그러나 넘쳐나는 지식과 교리, 교훈 속에서도 그의 영혼은 갈증을 느꼈다. 모두가 부러워하는 사회적인 지위와 존경을 거머쥐고도 그의 내면에서부터 스멀스멀 올라오는 근본적인 의문과 답답함은 해결되지 않았다. 그는 사람들에게 선생으로 존경받았지만, 정작 자신은 미궁에 빠져 방황했다.

그런데 소문이 들렸다. 세례 요한이 유월절 어린양이라고 치켜세운 인물이 가나의 혼인 잔치에서 기적을 일으켰다는 것이다. 그의 이름이 온 유대에 널리 퍼진 계기는 예루살렘 성전에서 환전상과 상인들을 내쫓으면서부터였다. 유월절에 아시아, 유럽, 아프리카에서 몰려온 유대인들 사이에도 그 청년에 관한 이야기가 회자되었다. 당장 성전에서 환전이나 제물 구매를 할 수 없게 되었으니, 그에 관한 이야기로 온 예루살렘이 떠들썩한 것은 너무나도 당연했다. 촌뜨기 청년 예수가 유대에서 가장 주목받는 인물로 등극한 순간이었다.

니고데모는 예수의 행적을 주목했다. 그가 했다는 말, 행동, 기적에 관한 소문에 귀를 기울였다. 평소 알고 지내는 유대 지도자들이나 로마 관리들은 미심쩍은 눈길로 이 청년의 일거수일투족에 주목했다. 평범한 유대인들 사이에서 예수를 로마의 지배에서 해방해줄 지도자로 추대하는 분위기가 생겨나고 있음을 감지했다. 예수는 헬라제국의 폭정에서 이스라엘을 해방했던 마카비 가문의 왕들과 겹쳐 보였다. 로마의 압제에서 해방시켜 새로운 나라를 건설해줄 것이라는 기대가 점점 더 퍼지고 있었다.

니고데모가 예수를 찾은 것은 나름대로 이유가 있었다. 그의 주변에는 마음 열고 진실한 대화를 나눌만한 사람이

한 명도 없었다. 모두 겉으로는 교양 있고, 성서의 내용에 정통한 엘리트들이었지만, 그의 심장을 뛰게 할만한 사람은 없었다. 그러나 예수라는 청년은 달랐다. 그는 함께 대화할만한 열린 사람이었고, 잘못된 관행에 용기 있게 저항하는 강단 있는 사내였다. 그가 보기에도 성전 안에서 활황을 누리던 환전소와 제물거래소는 뭔가 찜찜한 데가 있었다. 제사장 자리도 하나님에 대한 경외를 나타내는 자리가 아니라 재임하는 동안 한몫 챙기는 자리로 변질된 지 오래였다. 니고데모가 늘 궁금해하던 문제들을 거침없이 해결하면서 주변 사람들과 격의 없이 이야기를 나누는 예수가 너무도 궁금했다.

"저는 당신이 하나님에게서 오신 분임을 알고 있습니다. 선생님께서 하신 놀라운 일들은 당신이 하나님의 사람이라는 증거겠지요." 니고데모는 예수에 대한 존경심을 담아 이야기를 시작했다.

"제가 마음에 두고 있는 이야기를 당신에게는 하고 싶어요. 인간은 다시 태어나는 경험을 해야 합니다. 그 경험 없이는 하나님을 만날 수 없어요." 예수가 말했다.

"다 큰 사람이 어떻게 다시 태어난다는 말인가요? 우리가 다시 엄마 뱃속에 들어갔다 나올 수는 없는 노릇이잖아요." 니고데모가 물었다. 다시 태어난다는 말이 너무 생뚱맞게 들렸다.

"제 진심을 오해하신 것 같네요. 저는 한 인간이 하나님의 영을 만나는 순간 새롭게 된다는 걸 말한 거예요. 그렇지 않으면 우리는 하나님과 무관한 삶을 살게 될 겁니다. 몸으로 다시 태어날 필요는 없어요. 우리의 내면에서부터 새롭게 될 필요가 있어요. 눈앞에 보이는 물리적 변화는 아니지요. 하지만 바람처럼, 호흡처럼 찾아오는 성령의 움직임은 정말 놀라운 기적을 만들어 냅니다." 예수가 대답했다.

"어떻게 이런 내적인 변화가 가능한가요?" 니고데모는 놀랐다. 그러나 다른 한편으로는 의문을 가졌다.

"당신은 이스라엘의 최고 지성인이잖아요? 이런 사실을 모르는 것이 더 이상하네요. 저는 직접 경험한 진실만을 말하고자 합니다. 그러나 유대 지도자들은 제 말에 귀를 기울이지 않더군요. 제가 구체적인 사실을 말해도 믿으려 하지 않는데, 내면에서 일어난 기적을 언급하면 믿을 수 있겠어요? 하나님과 하나 된 사람만이 하나님이 인도하는 길을 따라갈 수 있어요. 그 길은 고통의 길일지 모르고 다른 이들을 위해 나무에 달리는 가혹한 길일지도 모릅니다. 하나님은 우리를 초대합니다. 그분이 인간을 정죄하고 심판하려고 한다는 것은 오해입니다. 하나님은 사랑입니다. 이 사랑을 받아들이기 바래요. 제가 하나님과 나누고 있는 의미 있는 관계를 당신도 알았으면 좋겠네요.

하나님을 만나면서 알게 되는 세계는 놀라워요. 하나님의 사랑 안에서 놀라운 경험이 찾아옵니다. 그 사랑을 거부한 결과는 참담해요. 하나님에게서 멀어진 사람은 어둠 속에 쓸쓸히 머물게 될 것이 분명해요. 결국 죄책감의 짐을 감당하기 어려워질 거에요. 하나님이 비추는 빛 속으로 오세요. 여기에 새로운 삶이 기다립니다." 예수가 말했다.

이런 이야기는 처음이었다. 하나님 이야기라면 질릴 만큼 들었다. 어린 시절부터 하나님에 관한 이야기를 들으며 자랐다. 그의 아버지는 아들에게 토라를 암기시켰다. 그 말씀대로 엄격하게 순종해야 했다. 니고데모는 당대 최고 랍비들의 가르침을 받았다. 엄격하고, 전통적인 유대교는 그의 삶이었고, 문화였다. 거기서 그는 아버지처럼 엄격하고 권위적인 하나님을 만났다. 하나님은 무한한 힘을 가졌고, 모든 것을 알고 계신 분이었다. 그리고 끊임없이 그를 판단하고 심판했다. 모든 면에서 완벽하지만, 거리감이 있는 아버지와 비슷한 데가 있었다. 하나님은 모든 면에서 옳았다. 그의 명령에는 토를 달 수 없었다. 하지만 초월적이고, 가부장적인 하나님에게서 니고데모의 마음은 서서히 멀어지고 있었다.

그런데 나사렛 예수가 말하는 하나님은 너무도 신선했다. 그가 말하는 하나님에게는 리듬과 생동감이 있었다. 지금까지 그에게 익숙했던 딱딱하고 무미건조한 하나님과 달랐다. 이 하나님은 그를 자유롭게 해주고, 숨 쉴 공간을 열어주는 것 같았다. 예수의 말을 모두 이해할 수는 없었다. 그래도 그의 몸이 가벼워지고, 마음은 시원해지는 것을 느낄 수 있었다. 깊숙한 곳에 따스함이 느껴졌다. 그의 마음에 새로운 역동이 일어나고 있었다.

새로운 하나님은 아버지보다 어머니에 가까웠다. 늘 따스한 눈길로 그를 지켜보고, 그를 지지해주던 엄마의 따스한 눈길과 포근한 가슴이 떠올랐다. 그는 '다시 태어난다'라는 말을 듣는 순간 엄마가 떠올랐다. 하나님이 엄마처럼 그를 사랑으로 품고 보듬어주는 듯했다. 성령이 그의 마음을 감쌌다. 그 안에서 위로와 치유를 경험했다. 그는 하나님에 관해 듣기도 하고 가르치기도 했지만, 마음은 외로운 고아처럼 떨고 있었다. 성령이 사랑으로 그의 마음을 적셨다. 그는 깨달았다. 하나님이 지금까지 그를 지켜보고 있었다는 사실을. 이제 구원이 무엇인지 알 것 같았다. 하나님의 사랑이 바람처럼, 호흡처럼 그를 찾아왔다. 하나님은 그를 정죄하고 판단하는 심판자가 아니었다. 따스한 눈길과 가슴으로 안아주는 엄마였다.

우리도 알고 있다. 십자가가 그 사랑의 증거였음을, 죄와 허물 많은 우리를 있는 그대로 수용해준다는 징표였음을 말이다. 십자가에서 따스한 눈길과 가슴을 느낀다. 사랑은 이렇게 갑자기 찾아온다.

타는 목마름에 허덕이는 그대에게

(요 4:1-42)

　그녀는 외로웠다. 여러 남자에게 버림을 받았다. 새로운 만남이 내면에 빛을 줄 것이라고 기대했었다. 외로움과 답답함이 채워지는 듯했다. 하지만 그런 건 잠깐이었다. 어떤 남자도 그녀의 내면에 있는 공허함을 채워주지 못했다. 배우자와 한 침대에 누워있어도 그녀의 가슴은 한없는 추위에 떨었다. 그리고 이 갈증과 고독을 어떻게 채울 수 있을지 다시 고민해야 했다. 그녀의 삶은 출구 없는 터널 같았다.

　그날 아침에도 목이 말랐다. 내면의 갈증인지 육체적 갈증인지 분간되지 않았다. 빈 물동이에 공허한 시선이 고정되었다. 그녀의 발걸음은 자신도 모르게 야곱의 우물로 향하고 있었다. 멍한 정신으로 우물에 도착하자 우물가에는 한 청년이 앉아 있었다. 그녀는 낯선 청년에게는 관심이 없었다. 자신의 목마름이 너무도 급했다. 물이라도 마시면 내면의 갈증이 채워질 것 같았다.

"제게 물 한 모금만 줄 수 있을까요?" 청년이 갑자기 그녀에게 말을 건넸다.

말투와 행색으로 보아 그는 유대인이었다. 유대인과 사마리아인은 물과 기름 같은 관계였다. 유대인들은 이방 민족의 피가 섞인 사마리아인들을 짐승 보듯이 했다. 인종적 순수성을 자랑하는 유대교도들에겐 혈통이 섞인 사마리아인들이 불결한 전염병 환자처럼 보였다.

그래서 유대인들이 사마리아 땅을 밟는 일은 드물었다. 사마리아 지방에 유대인이 등장한 것은 이례적인 일이었다. 이렇게 등장한 유대인 남성이 사마리아 여인에게 말까지 건네는 것은 더 이상한 일이었다. 여인은 놀랐고, 궁금해졌다. 이 남자는 누구일까?

"당신은 유대인이면서 어떻게 사마리아 여자인 나에게 물을 달라고 하나요?"

"제가 누구인지 안다면 당신이 저에게 물을 달라고 했을 거예요. 그러면 제가 시원한 생수를 주었을 거예요." 그는 대답했다. 물을 달라고 하던 사내는 자신이 물을 줄 수 있다고 말했다. 그녀는 정말 물이 필요했다. 하지만 그 물은 이 우물에서 채워질 수 있는 그 무엇은 아니었다. 그는 그녀의 내면에 타오르는 갈증을 알았던 것일까? 물을 길어 올릴 두레박도 없는 청년이 생수를 주겠다고 하는 말은 그녀가 내면 깊숙이 갈구하던 것이었다. 그가 줄 수 있는 물은 무엇인가?

"그렇다면, 선생님은 이 우물을 판 야곱보다 더 대단한 분인가요? 우린 야곱 덕택에 지금까지 이 물을 마시고 있거든요." 그녀는 이 우물을 선사한 야곱을 떠올렸다. 할아버지, 할머니의 입으로 전해오던 믿음의 조상이라는 위인이었다. 그 사람이 아니었다면 이 지방 사람들은 산 너머 마을까지 가서 물을 길어와야 했을 것이다. 그녀는 야곱처럼 대단한 위인은 되어야 그녀의 갈증을 해소해줄 수 있을 거라고 생각했다. 아니 야곱보다 더 대단한 사람이 나타나지 않으면, 목마름에 죽어버릴 것 같았다. 이 청년이 누구인지, 정체가 궁금해졌다. 그를 온전히 알면 그 물의 비밀도 풀릴 것 같았다.

"이 물은 마셔도 다시 목이 말라요. 그러나 제가 주는 물은 다시는 목마르지 않게 해요. 그 물은 사람 속에 들어가서 내면을 촉촉하게 젖어 들게 하지요. 영원한 샘이 내면에 생기를 불어넣어 준답니다." 청년은 그녀의 말을 알아들었다는 듯이 말했다. 사실 그녀는 갈증의 원인이 무엇인지 알지 못했다. 그녀의 목마름에 제대로 된 이름을 붙일 수 없었다. 그런데 그는 그녀의 목마름이 공허함 때문에 생긴 것이라는 것을 알아차리고, 그 처방까지 제시했다.

"제게 그 물을 주세요! 저도 그 물을 마시고 싶어요."

"그래요? 그렇다면, 당신의 남편을 데려오세요." 예수가 말했다.

"저는 남편이 없어요." 그녀는 대답했다. 그녀에게 남편은 진정한 대화의 상대를 의미했다. 온전한 대화를 나눌 수 있는 친밀한 관계의 상징이었다. 하지만 그녀에게는 이런 관계가 존재하지 않았다. 남자들은 그녀를 오직 쾌락의 도구로만 여겼다. 인간 존재가 아니라 자신들의 삶의 도구로만 생각했다. 그런 연유로 그녀는 그동안 다섯 명의 남자에게 버림 받았다. 현재도 남편이 있긴 했지만, 마찬가지였다. 그녀는 그와 참다운 관계를 맺지 못했다. 남편이 없다는 고백은 진실한 것이었다. 그 대답에는 짙은 외로움이 묻어났다. 그녀의 눈에 눈물이 비쳤다.

"남편이 없다는 당신의 말이 맞아요. 당신의 남편들은 어느 누구도 당신을 인격적으로 대하지 않았죠. 그러니 이전의 남편이나 지금 남편도 당신의 배우자라고 할 수 없어요. 당신은 깊은 외로움과 고독의 시간을 보내야 했으니까요." 예수는 그녀를 따스하고 섬세하게 다독였다.

그녀의 마음을 읽어준 이 한 마디에 그녀의 눈에서 눈물이 쏟아졌다. 누구에게도 말할 수 없었던 깊은 공허함, 절망감을 읽어주는 따스한 음성에 그녀의 마음은 녹아내렸다. 얼음장 같던 심장이 깨졌다. 그 사이로 샘물이 졸졸 흐르는 소리가 들리기 시작했다. 굳어있던 그녀의 심장에 생명의 약동이 느껴졌다. 그 움직임은 따스했다. 그녀의 가슴은 기분 좋은 간지럼에 꿈틀거리는 듯했다. 그녀의 속에서 샘물이 솟아난 것이었다.

"저희 조상들은 이 산에서 하나님을 예배해왔습니다. 그런데 유대인들은 예루살렘에서만 예배해야 한다고 하더군요. 저희의 예배에는 문제가 있다면서요." 이제 그녀는 예수에게 평소 궁금했던 질문을 던졌다. 그는 그녀의 의문을 풀어줄 수 있을 것 같았다. 그녀는 생각했다. 하나님이 불가능한 것을 강요할 리는 없지 않은가? 유대인들이 전염병 취급하는 사마리아인들이 예루살렘에서 예배드린다는 것은 사실상 불가능했다. 그래서 그녀는 예수의 대답이 궁금했다. 그녀는 하나님께 드리는 예배가 중요하다는 건 알았지만, 하나님을 어떻게 알아가야 할지 알 수 없었다. 산에서 제사를 지내는 것도 마음에 걸렸고, 예루살렘을 찾아가는 것도 이상했다. 그녀는 하나님을 어디서 어떻게 만나야 할지 궁금했다.

"예배드리는 장소는 결코 중요하지 않아요. 우리가 존재의 중심을 담아서 진실한 마음으로 하나님을 만나고자 하는 게 중요해요. 하나님은 이런 사람에게 찾아오시지요. 진실한 마음으로 진리에 열려있는 겸손한 태도를 가지면, 하나님을 경험하게 될 겁니다. 자신의 존재를 바쳐서 진실한 마음으로 하나님을 찾는 것! 바로 그것이 진정한 예배입니다." 예수가 대답했다. 예배란 순수 혈통의 유대인들, 위엄 있는 제사장, 학식 있는 서기관이나 드릴 수 있는 특권이라고 생각했다. 하지만 예수가 말하는 예배는 너무도 단순했다. 진실한 마음, 겸손한 마음만 있으면 경험할 수 있는 일상의 신비라는 거였다. 그녀는 예수와 대화하는 이 순간이 완벽한 예배라는 걸 깨달았다. 그녀의 입가에 미소가 돌았다.

"이 땅을 구원할 메시아가 누구인가요?" 그녀는 물었다.

"바로 제가 메시아입니다." 예수는 기다렸다는 듯이 대답했다. 그녀가 기다리던 대답이었다. 그녀는 이미 예수와의 대화 속에서 알 수 없는 충족과 만족을 얻었다. 뻥 뚫려있던 마음의 구멍에 새로운 샘물이 흘러들어왔고 그녀의 마음은 알 수 없는 빛으로 가득 찼다. 삶에 새로운 의미가 생겨나는 듯했다. 그녀에게 알 수 없는 변화가 생겼다.

그동안 그녀는 말하는 것을 극도로 자제해왔다. 그녀가 했던 말들이 알 수 없는 오해와 비난의 화살이 되어 돌아오는 것을 수없이 경험하면서 체득한 결과였다. 침묵만이 살길이라는 신념이 있었다. 하지만 이제는 할 말이 생겼다. 아니, 말하지 않고는 못 배길 것 같았다. 그녀는 집마다 문을 두드리며 소리쳤다. 우리의 갈증을 해결해줄 메시아가 왔다고 말이다. 그녀 앞에 나타난 예수라는 존재가 그녀를 압도했다. 그녀는 이 기쁨을 이웃과 나누고 싶은 마음뿐이었다.

그녀의 마음에 견고하게 세워져 있던 장벽이 허물어졌다. 그녀는 이제 외로움 속에 시들어가는 실어증 환자가 아니었다. 그녀의 내면에 참다운 언어와 의미가 찾아왔다. 이 언어는 그녀에게 의미 있는 관계를 만들어 줄 씨앗이었다. 그녀의 남편을 참다운 배우자로, 마을 사람들을 참다운 이웃으로 받아들일 내면의 자산이 생겼다. 남편도 마을 사람들도 그녀의 변화에 놀랐다. 늘 공허하던 그녀의 눈빛은 온데간데없었다. 그녀의 눈은 새로운 삶의 희망을 찾은 기쁨에 반짝거렸다. 그녀의 변화된 모습이 예수가 메시아라는 더할 나위 없는 확실한 증거였다. 이 버림받는 저주의 땅, 사마리아에 구원자가 나타난 것이다.

마을 사람들의 삶도 변했다. 예수와의 만남은 그들에게 새로운 생기를 불어넣었다. 예수는 살아 계신 하나님을 경험하는 통로였다. 이제는 하나님에게 직접 나아갈 수 있게 되었다. 마을에는 거룩한 영이 거했다. 그들의 마음에 변화가 일어났다. 사람들의 얼굴에 미소가 가득했고, 입에는 흥겨운 노래가 떠나지 않았다. 그들이 예수를 만난 그곳이 예루살렘 성전이었고, 거룩한 산이었다. 예배의 장소는 축제의 장소였다. 죽은 듯이 고요하던 마을에 축제의 노래가 울려 퍼졌다. 그 한가운데는 공허한 눈빛으로 절망에 빠져 있던 한 여인에게 생수를 마시게 한 예수라는 청년이 있었다.

기적을 만드는 기적

(요 4:43-54)

 갈릴리로 돌아왔다. 유월절 맞이 예루살렘 방문은 사마리아를 통해 고향 땅 갈릴리에 돌아오는 일정으로 마무리되었다. 갈릴리 사람들은 마치 올림픽 금메달리스트를 환영하듯 예수를 환영했다. 갈릴리 나사렛 출신의 청년이 예루살렘에서 주목받는 인물로 성장했다는 사실에 지역 사람들은 신이 났다. 비주류 지역인 갈릴리도 지도자를 배출할 수 있다는 자신감이 생겨났다. 그러나 그를 칭송하는 군중은 넘쳐났지만, 예수는 외로웠다. 예수와 진심으로 대화하고, 마음을 나누고 싶어 하는 사람은 보이지 않았기 때문이다.

 그 순간 예수 앞에 남다른 복장과 매너를 갖춘 사내가 등장했다. 그는 한 눈에도 중요한 인물로 보였다. 사람들은 왕의 신하가 왔다고 쑥덕거렸다. 그의 옷은 빛났지만, 얼굴은 창백했다.

 "선생님, 저는 조금 떨어진 가버나움에서 왔습니다. 제

아들이 심한 병을 앓고 있습니다. 너무 위독합니다. 우리 집을 방문해주실 수 있을까요? 제 아이의 병을 고쳐 주세요!" 그는 절실하게 부탁했다.

"여기 모인 사람들에게 하나님은 어떤 존재일까요? 모두 뭔가 대단한 사건을 기다리는 관객들처럼 보입니다. 기적이 일어나면 하나님을 믿겠다고 하면서요." 그의 다급한 요청에 대한 예수의 대답은 한가했다. 예수는 여기서 대중들의 호기심과 욕망을 충족시켜주는 행동을 할 생각은 없다고 말하는 듯했다.

"제발 함께 가주세요! 선생님이 함께 가지 않으면, 제 아들은 죽고 말 거에요." 아들의 죽음을 앞둔 그는 더 이상 물러설 곳이 없었다.

"집으로 돌아가세요. 당신의 아들이 살아났습니다." 예수는 고요하지만 단호하게 응답했다. 차분하면서도 단단한 음성이 그의 마음을 움직였다. 그는 예수의 선포가 진짜인지 물어보지 않았다. 아들이 살아났다는 예수의 말에 믿음이 따라왔기 때문이다. 그가 살아났다고 말하는 순간, 살아났다는 것을 확신할 수 있었다. 예수의 말은 그에게 생명과 힘을 전달했다. 그 말에 예수의 존재가 녹아있었기 때문이다. 그래서 발걸음을 집으로 돌렸다. 멀리서 그의 종이 헐레벌떡 달려오고 있었다.

"아드님이 살아나셨습니다!" 그는 숨을 몰아쉬며 말

했다.

"언제쯤 살아났는가?" 관리는 안도하며 종에게 물었다. "어제 오후 한 시경에 열이 내렸습니다." 그 시간은 예수가 아들이 살아났다고 말한 순간이었다. 예수의 말대로 아들이 살아났다. 그것은 기적이었다. 하지만 그 기적보다 더 놀라운 기적은 예수와의 만남이었다. 그의 마음이 예수의 내면과 접촉된 것이었다. 예수가 "아들이 살아났으니 집으로 돌아가라"고 말한 순간 신비한 일이 일어났다. 그 말이 그의 마음속에 스며들어 그의 존재가 되었다. 그는 예수가 그의 가족의 아픔에 공감하고 있음을 감지했다.

예수와 자신 사이, 둘만 아는 은밀한 공간이 생긴 것이다. 수많은 사람이 예수를 둘러싸고 있었지만, 그만이 예수의 따스함, 아픔, 사랑을 알아차릴 수 있었다. 그분의 마음이 느껴지는 만큼 예수를 향한 믿음과 소망, 사랑과 존경이 싹트기 시작했다. 그 믿음, 소망, 사랑을 안고 집으로 돌아오는 길은 전혀 외롭지 않았다. 알 수 없는 뿌듯함이 그의 마음을 채웠고, 방긋 웃으며 그를 맞아줄 아들의 얼굴을 떠올리며 혼자 미소를 지었다. 아들이 살아났다는 소식을 듣고 그리 놀라지 않았다. 그것은 이미 그의 마음속에서 일어났기 때문이었다.

죽음과 고통은 예수를 만나는 통로다. 아픔은 우리의

마음을 예수를 향해 열게 한다. 그 열린 틈으로 예수의 사랑이 스며든다. 우리 내면으로 예수의 마음과 사랑이 스며드는 것이야말로 진정한 기적이다. 그 경험은 믿음을 선사하고, 새로운 소망을 불어넣고, 사랑을 느끼게 한다. 군중들은 외적인 기적에 감탄한다. 그러나 진짜 기적은 따스한 대화 속에서 은밀하게 시작된다.

더 이상 일어설 수 없는 그대에게
(요 5:1-47)

예수는 다시 갈릴리에서 예루살렘으로 내려갔다. 그곳에 새로운 만남이 기다리고 있었다. 예루살렘 성문 옆에는 '베데스다'라는 연못이 있었다. 이 연못이 유명해진 것은 하나의 이야기 때문이다. '이따금 하나님의 천사가 이 연못에 내려와서 물을 휘젓는다. 그러면 물이 움직이는데 이때 제일 먼저 연못에 들어가는 사람은 무슨 병이라도 고침을 받는다'라는 것이었다. 그렇다 보니 연못 주변은 병을 고치겠다는 사람들로 항상 붐볐다. 근처의 다섯 행각에도 시각장애인, 뇌졸중 환자(중풍 병자), 한센병 환자 등으로 가득했다.

거기에 한 사내가 있었다. 그가 기댈 것이라고는 믿을 수 없는 이 전설뿐이었다. 고침 받겠다는 마음으로 이곳에 도착한 이후로 38년의 세월이 흘러버렸다. 예수는 그가 오랜 시간 고통받고 있었다는 것을 알아차렸다.

"당신은 낫기를 원하나요?" 예수는 그에게 말을 건넸

다. 환자에게 낫고 싶은지 묻는 것은 바보 같아 보인다. 그럼 누가 아프고 싶어서 아픈가? 이 아수라장 같은 곳을 떠나고 싶지 않은 사람이 있겠는가? 하지만 환자의 처지에서는 달리 생각하게 된다. 그는 38년 동안 병을 앓았다. 고통 속에서 잠들고, 아픔 속에서 일어났다. 병은 벗어날 수 없는 굴레이자, 현실이었다. 만성질환을 안고 사는 사람은 더 이상 낫고 싶다고 자신 있게 말할 수 없을지 모른다. 예수는 그의 마음을 콕 집어냈다.

"물결이 일어도 물에 넣어줄 사람이 없어요." 그는 대답했다. 그는 누군가가 자신을 옮겨 주기만 하면 나을 수 있다고 말하는 듯하다. 하지만 여기에는 자신과 함께해주는 친구가 없다는 짙은 외로움이 묻어있다.

멀리 이국땅에서 생활해본 사람들은 너무나 잘 안다. 외롭고 아플 때, 몸과 마음이 얼마나 지치는지 말이다. 예를 들면, 지독한 감기에 걸렸는데 따뜻한 물 한잔 건네주는 엄마가 없다. 기숙사에서 홀로 끙끙 앓다 보면 그 병이 몸에 생긴 것인지, 마음에 생긴 것인지 분간할 수 없는 지경에 이른다. 병은 몸을 갉아 먹고 마음에 흠집을 낸다. 누군가가 절실히 필요하다. 결국, 나를 품어주는 이가 없기에 더 깊은 진창에 빠져든다. 이처럼 사내도 절망하고, 외로움에 치를 떨었다.

"이제 자리를 들고 걸어가도록 하세요." 예수는 그에

게 말했다. 예수는 그의 부탁처럼 그를 연못 가까운 곳으로 옮겨 주지 않았다. 하지만 예수의 말은 그에게 새로운 의미로 다가왔다. 그는 38년 전 어느 날 걸을 힘과 의욕을 잃은 채 내동댕이쳐졌다. 그 후로 걸을 힘과 일어설 의욕조차 상실했다. 그가 어떤 일을 겪었는지, 그의 삶에 어떤 불행이 찾아왔는지 알 수는 없다. 다만, 그의 몸과 정신은 연약해질 대로 연약해진 채 쓸쓸히 버려졌다는 것이다. 예수는 그에게 너는 더 이상 혼자가 아니라고 말하는 듯했다. 그는 자신 옆에 예수가 함께하는 것을 느꼈다. 그를 기억해주고, 배려해주는 누군가가 옆에 서 있는 것이다. 예수가 따스한 말을 건네는 순간 그의 내면에는 새로운 움직임이 일어났다. 깊고 맑은 눈으로 바라봐준 순간 그의 인생은 갑자기 살만한 무엇인가로 변화되고 있었다.

바위처럼 굳어진 그의 마음이 녹아내리기 시작했다. 따스함이 마음에 스며들자, 죽어있던 그의 근육에도 갑자기 생기가 돌았다. 따스한 기운이 온몸을 감싸기 시작했다. 걸어가라고 외치는 예수의 말이 사내의 마음에 스며들었다. 그 언어는 그의 영혼과 육체를 치료했다. 이제까지는 사람들의 무관심 속에서 비극적 운명을 맞이할 것이라는 절망에 빠져 있었다. 그러나 이제 이 굴레에서 벗어날 이유와 용기가 생겼다.

이름도 모르는 이 청년의 눈빛이 그에게 너무나 많은

것을 이야기했다. 누구도 그런 눈빛으로 자신을 쳐다본 적이 없었다. 어떤 사람은 흉측한 괴물을 쳐다보듯이 그를 내려다보았다. 대부분 사람은 그와 눈 맞추는 것 자체를 피했다. 그런데 생면부지의 사람이 그의 외로운 38년을 알아주고, 공감해 주었다. 이것이야말로 치유의 기적 이전에 공감의 기적이었다. 예수는 누구도 시도하지 못한 공감의 능력을 보여주었다. 예수의 깊은 눈망울이 사내에게 새로운 삶을 준 것이다.

그는 기적같이 자리를 들고 걸어갔다. 하지만 그의 길을 가로막고 나선 사람들이 있었다. 신앙에 열심인 유대인들이었다. 그들에게 안식일에 자리를 들고 다니는 것은 안식일을 범하는 율법 위반일 따름이었다. 그들은 수십 년간 질병의 노예로 살았던 인간이 자유를 얻게 되었다는 사실에는 도무지 관심이 없다. 자리를 들고 걷는 행위가 그들의 신앙적 교리에 합치하는지 확인하는 심판관이었다. 그들은 이 사내를 정죄한다. 더 나아가 그를 치료한 청년 예수를 색출하고자 한다.

"아주 좋아 보이는군요. 건강해 보여요. 다시는 이전처럼 자신을 학대하고, 저주하지 마세요. 자신 때문에 모든 일이 엉망이 되었다고 자책하지 마세요!" 예수는 그 사내를 다시 만나자 기쁜 마음으로 말했다. 예수의 이야기는 종교인들의 교리와 규정을 뛰어넘는 파격적인 것이었다.

유대인들은 예수가 전통적인 구원 개념을 따르지 않는 방식으로 사람들을 구원하자, 구원이 도대체 무엇일지 고민하기보다는 예수를 잡아 죽여서 전통적인 신앙을 유지하고자 한다. 그들은 자신들의 시각에서 하나님을 정의하고, 구원을 규정짓고, 구원받는 방식을 도식화했다. 하지만 예수는 이런 종교인들의 시도를 모두 무력화하는 방식으로 하나님을 소개했다. 그 틀을 뛰어넘어서 구원하고, 치유했다. 종교지도자들은 예수의 사랑과 이해의 메시지가 너무 위험해 보였다. 그 메시지가 자신들의 종교 체계와 제도를 마비시킬까 두려웠다. 이 모든 문제는 나사렛에서 온 촌뜨기 목수만 제거하면 간단히 해결될 터였다.

그날 예수를 만난 사내는 새로운 삶을 얻었다. 인생에 햇빛처럼 파고든 따스한 눈빛과 언어는 기적 그 자체였다. 화석처럼 굳어있던 그의 존재에 새로운 생기를 불어넣었다. 절망과 저주, 외로움과 자책의 구덩이 속에 다시 자신을 던지지 말라던 예수의 말씀이 뇌리에서 지워지지 않았다. 그날 이후로 그는 구걸하는 삶을 버리고 새 삶을 얻었다. 잊고 싶었던 38년의 세월을 있는 그대로 인정해 준 예수의 눈빛이 가슴에 새겨졌다. 그 따스함을 받아들이는 순간, 자신을 사랑할 힘이 생겼다. 예수는 그의 인생에 다가온 따스한 빛이었다.

작은 나눔, 큰 기적
(요 6:1-15)

그날 갈릴리호숫가는 인산인해를 이뤘다. 예수가 왔다는 말에 너도나도 모여들었다. 그가 예루살렘에서 38년 된 환자를 치료했다는 소문이 이곳 갈릴리까지 퍼지는 데는 오랜 시간이 걸리지 않았다. 모든 사람이 예수에게 관심이 많았다. 그의 일거수일투족이 이야깃거리가 되었다. 이 특별한 인물이 어떤 말을 하는지, 어떤 기적을 일으킬지 궁금했다. 예수도 그 많은 인파에 놀랐다. 그들을 먹일 빵을 사는 일도 만만치 않아 보였다.

"사람들이 많군요. 이 사람들을 먹일 빵을 어디서 구할 수 있을까요?" 예수는 머리가 비상한 빌립에게 물었다.

"사람들에게 빵을 조금씩만 준다는 가정하에 계산해 보았어요. 이백 데나리온으로도 부족하겠는데요. 어떻게 하지요? 예산초과입니다." 빌립이 대답했다. 다른 제자들이 영리한 빌립을 선망의 눈길로 바라보았다. 하지만 예수의 표정은 밝지 않았다. 그것은 예수가 듣고 싶은 대답이 아니었다.

"여기 보리빵 다섯 개와 물고기 두 마리를 가진 아이가 있어요. 저도 제가 왜 이런 말을 하는지는 모르겠지만, 이 아이의 도시락이 우리에게 도움이 될 것 같다는 터무니없는 생각이 들었어요. 이렇게 별 볼 일 없는 음식이 수천 명의 사람에게 도움이 될까요?" 베드로의 동생 안드레가 다가와 말했다. 다른 제자들은 무슨 헛소리를 하느냐는 눈치였다. 그런데 예수는 어느새 미소를 짓고 있었다. 질문에 대한 해답은 상상할 수 없는 곳에 있었다. 작은 소년이 바치겠다고 내놓은 작은 음식이 거대한 인파가 먹을 엄청난 음식에 대한 해답이었다.

"사람들을 모두 앉게 하세요." 갈릴리 호수의 햇빛이 찬란하게 빛났고, 초록의 잔디도 아름답게 펼쳐져 있었다. 수많은 사람이 무리를 지어 앉아 있는 것만으로도 장관이었다. 예수는 조심스럽게 빵을 들어 올렸다.

"하나님, 저희에게 이 빵을 주셔서 감사합니다. 당신은 우리에게 빵을 선물로 주셨지요. 한 소년이 자신이 가진 빵 전부를 당신에게 바쳤습니다. 이제 우리를 축복해주세요. 이 작은 빵이 우리 모두의 허기를 채우는 기적의 빵이 되게 해주세요. 한 사람이 온전히 자신을 내어줄 때, 어떤 기적이 일어나는지를 우리 모두에게 보여주세요." 예수는 기도를 드렸다.

"이제 빵을 나눠주세요." 예수는 제자들에게 지시했다. 신비한 일이 벌어졌다. 먹고 남은 음식물을 광주리에 모으니 열두 광주리에 가득 찼다. 어떻게 이런 일이 벌어졌는지는 알 수 없다. 소년의 헌신에 감동된 사람들이 자기만 먹으려고 가져온 음식을 나눠 먹으려고 꺼내놓은 것일까? 아니면, 정말로 빵과 물고기 양이 늘어났을까? 어느 쪽이든 놀라운 기적이었고, 하나님의 기적이었다.

예수는 보잘것없는 것에 관심을 가진다. 우리가 보기에 사소하고 별 볼 일 없다고 무시하는 것이 결코 무가치한 것이 아니다. 예수는 소년이 가진 물고기 두 마리와 빵 다섯 개가 수천 명을 먹일 거대한 음식이라고 말하고 있다. 아무리 작아도 그것을 진실한 마음으로 내어놓을 때, 기적이 시작된다.

이 사건으로 가장 많이 놀란 사람은 소년이었다. 이 세상에 작은 일은 없고, 사소한 것도 없다는 것을 깨달았다. 작은 일에 진심을 담아 행동하면, 우주적인 기적이 찾아온다는 것을 믿게 되었다. 작은 도시락을 나누겠다고 했을 때 모두 비웃었다. 안드레 외에는 누구도 관심을 가지지 않았다. 하지만 작은 도시락을 나누겠다는 작은 결단은 너무도 큰 차이를 불러왔다. 그것은 나눔의 기적이었다.

그날의 기적에 매료되어 예수를 왕으로 삼겠다는 군중들이 몰려들었다.

"우리 조상들은 만나라는 신비한 음식을 먹고도 결국 죽고 말았어요. 저는 우리가 어떻게 영원히 존재할 수 있을지 말하고 싶어요. 하나님과의 진정한 관계가 영원으로 나아가는 열쇠입니다. 저는 제 존재와 생명을 나누고자 합니다. 마음으로 저와 함께하세요. 저와 함께 길을 걷도록 해요. 거기서 하나님의 사랑을 맛볼 수 있습니다. 저는 여러분이 저와 같은 길을 걷고 같은 경험을 했으면 해요. 음식이 잠시 배고픔을 달래줄 수는 있어도 영원한 목마름을 채워주지는 못하지요. 하나님과 하나 되는 경험은 놀랍습니다. 여러분도 이런 하나 됨을 느꼈으면 좋겠어요. 그 만남은 우리의 삶을 영원으로, 우주로 확대해줍니다." 예수는 그들을 뿌리치기라도 하듯이 어려운 이야기를 했다.

예수는 군중들이 듣고 싶어 하는 말은 하지 않았다. 기적을 보고 따르는 대다수 사람은 예수를 떠난다. 예수에게서 빵을 얻어먹고, 예수가 왕이 되면 한자리 얻으려던 사람들은 떠나버린다. 이제 남은 제자들이 가야 할 길은 하나님을 알고, 경험하며, 그와 하나 되는 것뿐이었다. 예수는 진정한 기적은 빵을 얻고 권력을 얻는 길에 있지 않다고 말한다. 하나님을 경험하고 그와 하나 되는 순간 진정한 기적이 찾아오기 때문이다.

그 사람, 어디 출신이야?

(요 6:16-7:53)

사회에서 내가 어디 출신인지는 너무도 중요한 의미를 갖는다. 그래서 대학 예비졸업생들은 졸업을 늦추는 한이 있더라도 소위 좋은(사회나 사람들이 말하는) 회사에 취업하려고 한다. 예컨대, 삼성에서 몇 년 근무한 뒤에는 다른 대기업이나 중소기업의 문이 열릴 가능성이 어느 정도 있지만, 중소기업에 근무하다가 대기업에 취업하기는 사실상 불가능하기 때문이다. 특히, 한국 사회에서 어느 대학을 졸업했는가는 대단히 중요하다. 대학 졸업장은 평생을 따라다니는 족쇄가 된다. 그래서 학부모들은 최고학부에 보내려고 기를 쓴다. 실제로 좋은 대학에 들어가고 나면 이후의 인생이 수월하다. 대학은 한국 사회에서 최고의 방패다.

한 사람이 사회의 주류계층에 편입되기 위해서는 대단히 복잡한 관문을 거쳐야 한다. 갑자기 돈벼락을 맞아서 부자가 된 사람이 있다고 하자. 전통적인 상류층은 그 벼

락부자를 자신들의 그룹에 끼워주지 않는다. 그와 다양하게 접촉해보고, 충분한 검증이 이뤄진 뒤에야 상류층에 끼워줄지를 판단한다. 만약 자신들의 문화, 정서, 경제적 수준에 못 미친다고 판단되면 만날 이유가 없다고 여긴다. 그래서 끊임없이 여러 가지 잣대를 들이대며 문턱을 높인다.

이런 이야기는 끝이 없다. 한국에서도 수도권인지 지방 출신인지, 서울 내에서도 강남 출신인지, 강북 출신인지가 문제가 된다. 출신지를 통해서 그의 경제적 수준, 교육 수준, 정치적 성향 등을 가늠하곤 한다. 그렇게 따져보면 예수가 나사렛 출신이라는 사실은 그리 자랑스러운 게 아니다. 많은 사람이 나사렛에서 무슨 제대로 된 사람이 나올 수 있느냐고 질문한다. 나사렛이 위치한 갈릴리 지방 사람들조차 자신의 지역에서 출생한 예수를 지지하지 않았다. 그들이 가장 예수를 미심쩍어했다. 심지어는 상당히 양식 있는 지식인들조차 나사렛에 대한 일련의 편견을 가졌다. 예수가 정직하고 진실한 사람으로 치켜세운 나다나엘조차 예수가 나사렛 출신이라는 말을 듣고, 부정적인 생각을 감추지 않았으니 말이다.

나사렛 출신의 목수가 그 동네에서 조용히 책상이나 의자를 만들며 지낼 때는 아무런 문제가 없었을 것이다. 하지만 사회 밑바닥 계층이 지도자로 올라오면 상류층은 불안감을 느낀다. 기존 지도층들은 개천에서 용 된 사람들의 생각과 감정을 이해할 수 없다. 그런 인물과 인맥으로 연결되어 있을 가능성도 적고, 그를 통제하기도 곤란하다. 그래서 이런 인물은 상류층이 현재 누리고 있는 특권에 장애가 되거나 현 체제에 반기를 들지도 모른다. 그래서 그들은 끊임없이 경계의 대상이 될 수밖에 없다. 대단한 능력이나 인격을 갖추지 않고서는 그런 열악한 환경에서 상류층에 오를 수 없다. 이들은 기존 지도층들과는 생각이 다르면서도 도덕성과 능력을 갖춘 사람일 가능성이 크다. 그래서 현재의 기득권층에게 가장 위험한 인물이 되기 마련이다.

예수가 이스라엘의 대표적인 명절에 예루살렘을 방문해서 행한 일들은 유대 사회에서 위험한 사건이 되었다. 전 세계 유대인들이 모두 모인 유월절에 성전에 들어가서 성전은행과 제물거래소를 뒤엎어 버린 사건은 거의 혁명이었다. 유대인들은 명절 제사를 중심으로 자신들의 결속감을 확인했고, 명절은 유대 종교지도자들이 한몫 챙길 수 있는 더할 나위 없는 기회였다. 그런데 그 밥줄을 나사렛 촌놈이 뒤엎어 버린 것이다. 만약, 이것이 단순히 미친 사람의 광기 어린 행동이었다면 아무 문제가 되지 않는다. 그러나 지도력을 가진 인물의 의도적 행동이라면 상황은 심각해진다. 이제까지 경건한 유대인들은 유대 종교가 탐욕과 권력으로 심하게 오염되어 있다는 사실을 잘 알고 있었다. 그래도, 이해관계로 촘촘히 얽혀 있는 종교 시스템을 비판할 용기가 없었다. 그런데 나사렛 청년 목수가 부당함을 선언하면서 시스템을 정지시키는 행동을 감행한 것이다.

그뿐만 아니다. 예수는 다른 명절에 베데스다 연못에서 38년 된 고질병 환자를 고친다. 그 남자를 고친 것보다 더 문제가 된 것은 유대교가 요구하는 안식일 규정을 위반했다는 사실이었다. 예수는 그를 치료하면서 '네 자리를 들고 걸어가라!'고 선포했다. 병자는 벌떡 일어나서 그 자리를 들고 걸어갔다. 유대 종교지도자들은 예수가 기적을 행했다는 사실에 놀랐을 뿐만 아니라 안식일 규정을 위반했다는 점에 관심을 기울였다. 유대교는 성전, 제사, 율법, 안식일과 같은 요소를 핵심적 가치로 두면서 이를 신앙의 표지로 삼았다. 그런데 예수는 성전제사, 안식일의 율법 규정을 무시하는 행동을 감행하는 것이다. 그것도 사람들을 치유하는 형태로 말이다. 예수는 제사장이나 성전 없이도 사람들을 치료했고, 하나님께로 가까이 이끌었다. 예수의 이런 행동이 계속되면, 전통적인 유대교는 불필요해진다. 예수가 움직이는 곳마다 제사장들은 수입이 줄어들고, 유대교의 권위는 땅에 떨어졌다.

그래서 그들은 함께 모의하기 시작했다. 나사렛 촌놈

하나만 제거되면, 유대교는 더 위대하고 고매한 종교로 비칠 것이기 때문이다. 현재까지 진행되던 제사 시스템은 아무런 장애 없이 계속되어야 하기 때문이다. 문제는 예수라는 인물이 하는 말은 누가 봐도 정당했고, 합리적이었다는 데 있었다. 예수의 답변은 시의적절했고, 비유적이었다. 비유로 이야기했기 때문에 꼬투리를 잡아서 종교재판에 회부하기가 여간 어렵지 않았다. 종교지도자들은 나름의 규정을 위반했다는 이유로 예수를 비난했지만, 대중들은 그들의 비판에 공감하지 못했다. 그들은 규정의 위반 여부에는 별로 관심이 없었다. 예수가 병자를 고친 것은 엄연히 선한 일이기 때문이었다. 그래서 유대 지도자들은 한 가지 사실에 집중해서 편견을 심었다.

"예수는 나사렛에서 온 사람이다!" 부정적인 여론을 조성하는 것이다. 그래서 사람들은 예수를 나사렛 사람이라 불렀다. 당시 사람들은 예수가 어디 출신인지 분명히 알고 있었다. 누구도 부인할 수 없는 분명한 사실은 예수가 별 볼 일 없는 지방 출신이라는 것이다. 그들은 예수를 자신들의 참다운 지도자인 메시아로 인정하기 어려운 문제에 부딪혔다. 비판의 핵심은 예수는 근본이 없는 사람이라는 것이었다. 그 집안은 별 볼 일 없는 가문이고, 직업은 막노동자인 목수이고, 학력은 전혀 없다는 것이다. 예루살렘의 탁월한 랍비 밑에서 학습한 경험도 없이 토라를 꺼내서 해석하는 행동은 도저히 용납될 수 없었다.

말하자면, 예수는 스펙이 딸렸다. 주변 사람들에게 내세울 만한 집안, 학력, 직업과 같은 배경이 없었다. 가진 것이라고는 맨몸뿐인 예수가 상류층의 중심지인 예루살렘에서 어떻게 행동했을까? 엘리트들, 유력자들, 부자들로 둘러싸인 예루살렘 한복판에서 기죽지 않았을까? 초막절을 맞이하여 모든 유대인이 예루살렘에 모이는 시기가 다가왔다. 이때 예수는 예루살렘 방문을 주저했다. 형제들이 함께 가자고 제안했지만, 살해의 위협을 느꼈기 때문에 형제들만 먼저 예루살렘으로 보냈다. 예수는 자신을 죽이려는 세력의 감시망을 피해서 조용히 예루살렘에 입성했다.

예수는 성전에서 사람들을 가르치기 시작했다. 사람들은 그 가르침의 탁월함에 놀랐고, 그가 어떤 랍비로부터도 교육받은 적이 없다는 사실에 다시 한번 놀랐다.

"예수는 나사렛 촌 동네 사람이잖아요. 비천한 신분에 교육도 못 받은 사람이 메시아일 수 있어요? 메시아는 높은 신분에 학식을 갖춘 인물이어야 하지 않을까요?" 사람들이 수군댔다.

"여러분은 집안 배경과 학력으로 한 사람의 모든 것을 알 수 있다고 생각하는군요. 제가 나사렛 출신이고, 대단한 교육을 받지 못한 건 사실입니다. 하지만 그 사실이 저라는 사람을 규정짓지 못합니다. 저를 규정하는 것은 하나님과 저 사이의 관계입니다. 저는 하나님으로부터 시작된 특별한 존재입니다. 저는 하나님을 깊이 만나고 경험해서 누구보다 하나님과 가깝고, 그를 이해하며, 그와 하나입니다. 하나님이 저를 여기까지 이끌었습니다. 여러분은 이렇게 하나님을 경험하고, 이해하나요? 여러분의 편견 때문에 저뿐만이 아니라 하나님을 이해하지 못하는 것이 안타깝군요. 여러분을 하나님과 특별한 만남으로 초대합니다." 예수가 말했다.

예수의 이야기는 그의 출신지와 학력과는 무관하게 힘이 있었고, 진실하게 들렸다. 그래서 많은 사람이 그를 지도자로 인정했다. 예수와 만나면 출신지와 신분은 중요한 문제처럼 여겨지지 않았다. 지위와 배경을 넘어서 보다 더 본질적인 문제가 있음을 느낄 수 있었다. 하나님을 알고, 만나는 것보다 더 중요한 일은 없었다. 이제까지는 예루살렘의 명문가 출신들만 자신들의 지도자가 될 수 있다고 생각하던 사람들의 사고방식에 변화가 일어났다. 진정한 리더는 대단한 출신과 배경을 가진 사람이 아니라 하나님을 아는 참다운 인간이어야 한다는 깨달음이 생겼다. 유대 지도자들이 보기에 이런 생각은 혁명적이었고, 위험한 사상이었다. 그래서 군인들을 보내 예수를 체포하고자 했다. 하지만 체포하려던 군인들조차 예수에게 매료된다.

이 스펙의 시대에 예수는 어떤 해답을 제시하는 것일까? 사람들이 예수에게 학력 미달이라고, 별 볼 일 없는 가난한 집안 출신이라고 손가락질할 때 예수는 어떻게 대답했을까? 예수는 스스로를 가문과 학벌로 재단하지 않았다. 오히려 하나님과의 관계에서 자신을 정의한다. 자신의 뿌리는 하나님이라고 말하는 것이다. 네 스펙이 뭐냐고 묻는 말에 참다운 인간이 무엇일까를 생각하는 것이다. 인간이 되기 위해서는 적절한 교육이 필요할 수 있다. 하지만 예수는 더욱 근본적으로 하나님의 사랑이 필요함을 역설한다. 우리가 마음을 열고, 하나님을 찾으면, 하나님이 찾아온다.

자신의 가문과 학벌에 의지하기보다 하나님과의 관계에 중점을 둔 사람은 다른 사람들과 소통할 힘을 얻는다. 진실한 마음으로 무력까지도 굴복시키는 힘을 얻는 것이다. 현실은 차별의 벽들로 가득하다. 예수도 그런 벽을 체감했고, 생명의 위협까지 느꼈다. 예수는 벽들을 무너뜨리는 진정한 힘을 가지고 있었다. 하나님을 경험하는 것은 사람됨의 시작이고, 모든 이들을 아우르는 지도력의 출발이다. 우주의 근원인 하나님과 진정하게 연결되면 차별도 무력화된다.

세상도, 자신도 버린 여인

(요 8:1-11)

그녀는 유부남과 함께 누워있었다. 남자의 폭력에 의해서 시작된 일이었지만, 그와 함께 잠자리하는 것은 그녀의 일상이 되어 버렸다. 하지만 그날은 알 수 없는 불안감이 일었다. 그래도 사내에게 몸을 맡겼다. 그런데 갑자기 십여 명의 남자들이 집에 들이닥쳤다. 그 이후의 기억은 그녀의 머릿속에서 뒤죽박죽되었다. 미친년, 창녀, 음녀와 같은 욕설이 허공에 맴돌았고, 그녀의 몸은 짐짝처럼 이리저리 던져졌다. 그녀 옆에 있던 남자는 어디론가 사라졌다. 그녀는 모든 폭력, 수치, 비난을 감수해야 했다. 그녀는 사람들이 들이닥친 순간 직감했다. 이제 돌에 맞아 죽겠구나! 그녀를 찾아온 사람들은 소위 독실하다는 종교인들이었다. 그들에게 어떤 변명도 통하지 않았다. 그들은 그녀 같은 여자를 사회의 기생충 보듯 했다.

그들은 그녀에게 겉옷만 입혀서 성전으로 끌고 갔다. 그녀는 주위를 둘러보았다. 그녀 앞에 구릿빛 피부의 30

대 청년이 앉아 있었다. 그녀를 끌고 온 사람들은 그녀 뒤에 서서 청년에게 질문하기 시작했다. 그녀는 도대체 이 상황이 무엇인지 짐작조차 되지 않았다. 하지만 청년 주변에는 뭔가 모를 차분함이 흘렀다. 정적이 감돌았다. 사람들을 사로잡고 있던 분노, 흥분, 열광이 조용한 호수를 만난 것처럼 서서히 가라앉고 있었다.

그녀는 함께 침대에 누웠던 남자를 찾아 고개를 숙인 채 둘러보았다. 그 남자라면 이 상황을 어떻게든 해결해 줄지 모른다는 실낱같은 기대가 있었다. 도망간 것일까? 그녀의 마음은 무거웠다. 잠자리하는 순간에는 그와 그녀를 나누던 경계선이 무너지고 하나 되는 일체감을 느꼈다. 그런 일체감 속에서 긴장과 불안감이 흩어지는 것만 같았다. 하지만 현실은 냉혹했다. 지역에서 돈과 권력을 가진 사내는 종교적 사법권의 포위망을 피해서 달아나 버렸다. 무력한 그녀만 이렇게 재판정에 서게 되었다.

그런데 재판정의 분위기는 이상했다. 그녀를 고소하는 종교지도자들과 앞에 앉아 있는 낯선 사내 사이에 묘한 긴장감이 흐르고 있었다. 고소하는 사람들의 관심은 그녀보다 앞에 있는 사내에 대한 적개심으로 가득 차 있는 것처럼 보였다. 그들은 그녀를 이용해서 이 남자를 함정에 빠뜨리려고 하는 것은 누가 봐도 분명했다.

그런데 사내는 그녀를 보고도 아무 말도 하지 않았다.

다만, 고개를 숙여서 글씨를 쓰고 있었다. 그러한 그의 모습이 그녀에게는 알 수 없는 위로가 되었다. 그녀는 자신도 모르게 그 사내와 공감하고 있었다. 사내가 편안하고, 자연스럽게 글을 쓰는 동안 종교지도자들과 군중들의 마음은 점점 더 복잡해졌다. 예수는 간음한 여성을 처벌하겠다는 집단적인 혐오와 분노에 가담할 생각이 전혀 없었다. 오히려 홀로 떨어져서 글을 썼다. 불편한 침묵의 시간은 군중들에게 내면의 공간을 만들어 냈다. 내면의 음성이 들리기 시작했다. 정의의 사도라고 자부하면서 징벌의 돌멩이를 들고 있는 이들의 마음속에 뭔가 모를 부끄러움과 불편함이 찾아왔다.

몇 분 전만 해도 여인만이 부끄러움을 느끼고 불편함에 어찌할 줄 몰랐다. 이제는 그녀를 고소하는 사람들이 수치심을 겪고 있었다. 무엇이 그들의 마음에 변화를 만들어 낸 것일까? 사내는 아무 생각 없이 땅에 낙서하는 것처럼 보였지만, 마음의 언어로 사람들에게 진실을 일깨우고 있었다. 침묵 가운데 그러한 마음이 전달되자 자신도 모르게 내면의 진실을 직면하게 된 것이다. 진실은 우리에게 고통을 가져다 준다. 진실은 나 자신이 그렇게 아름답지도, 위대하지도, 정의롭지도 않다는 사실을 깨닫게 한다. 지나친 확신이 의문으로 바뀌고, 타인을 비난하던 마음은 자신에 대한 자문과 성찰로 바뀐다. 판단하고 정죄하는 마음은 포용과 용서의 마음으로 변한다. 예수가 침묵으로 메시지를 전했고, 그 파장은 모인 사람들에게 영향을 미쳤다. 정의를 집행하면서 자신이 신의 대리자라고 우쭐대는 사람들의 마음은 온데간데없이 사라져버렸다.

이제 그녀는 고개를 들고 예수와 사람들을 둘러본다. 예수는 고개를 숙이고 계속해서 무언가를 쓰고 있다. 흥분에 들떠 있던 사람들은 모두 고개를 숙이고 있다. 표정 속에서 뭔가 불편하고 괴로워하는 내면이 느껴진다. 그녀는 문득 이곳이 따스하고, 부드러운 공기로 가득 차는 것을 느끼기 시작한다. 그녀가 도망간 사내와 잠자리를 통해 찾아 헤맸던 갈증이 이런 낯뜨거운 장소에서 자신도 모르게 해소되고 있다는 사실에 놀랐다.

"선생님, 이 여자는 간음하다 현장에서 잡혔습니다. 모세 율법에 정한 대로 돌로 쳐서 죽여야 하는 게 아닌가요? 선생님의 의견을 말씀해 주세요." 더는 침묵을 견딜 수 없던 한 종교 지도자가 먼저 입을 열었다. 사람들이 느끼는 불안과 부끄러움을 깨뜨려야 했다. 그리고 예수로부터 문제가 될만한 발언을 이끌어내야 했다. 그런데 지금 이곳의 분위기는 자신의 의도와는 너무 다르게 흘러가고 있었다. 책임자인 자신의 마음에 이토록 심한 동요가 이는데 다른 사람들의 마음은 물어볼 필요도 없었다. 모두 뭔가 알 수 없는 음성에 사로잡힌 듯 고민하는 기색이 역력

했다. 하지만 그런 요청에도 예수는 미동도 하지 않았다.

"여러분 중에 죄가 없는 사람이 있다면, 먼저 돌을 던지세요." 한참이 지나고, 이제 때가 되었다는 듯 예수가 입을 뗐다. 사람들은 돌로 여인을 죽여 정의를 실현하겠다는 떳떳함을 상실했다. 여인을 예수에게 데리고 온 사람들이 먼저 힘없이 자리를 떠났다. 긴 침묵의 시간은 자신을 돌아보게 했다. 결코, 자신에게 죄가 없다고 합리화할 수 없었다. 진실이 자신의 연약함과 그림자를 보여주었기 때문이다. 예수는 진리를 가르치기보다 사람들이 진리를 직접 만나고 체험하도록 이끌어 주었다. 단단하게 굳어있는 중년남성들의 마음이 녹기 시작했다. 죄가 그녀에게만 있는 것이 아니라 자신에게도 있다는 깨달음이 찾아왔다. 모두 약하고, 부족한 존재라는 단순하지만 심오한 깨달음이 이들의 마음에 찾아온 것이다.

그녀는 여러 사람이 하나둘씩 그 자리를 떠나는 것을 신기한 듯이 바라보았다. 그녀를 증오하던 그들의 눈빛은 그녀를 불쌍히 여기는 공감의 눈빛으로 바꿔있었다. 그녀는 그곳이 그녀를 품어주고 있다는 사실에 안도했다. 모든 사람이 떠나고 예수와 그녀만 남았다.

"당신의 죄를 지적하던 사람들이 모두 떠났네요. 이제 우리 주위에는 아무도 없습니다." 예수가 말했다. 그녀의 마음은 놀라움과 경외감으로 가득 찼다. 어떻게 한 사내의 침묵이 이런 기적을 만들어 낼 수 있다는 말인가? 그는 많은 말을 하지 않았다. 하지만 그 사내의 마음은 알 것 같았다. 그는 처음부터 그녀를 비난할 생각이 없었다. 오로지 그녀의 상처와 실패에 깊이 공감하는 듯했다. 단순한 동정심이 아니었다. 그것은 그녀의 깊은 존재와 연결되는 감정이었다. 존재를 소중히 여기고, 존중하며, 진심으로 수용하는 따스한 눈길이었다. 그의 눈은 그녀가 이제껏 경험하지 못한 따스함을 말하고 있었다. 그녀는 성전을 지나치면서 신학자들, 종교지도자들이 하는 이야기를 듣기도 했다. 그러나 그 어디서도 그녀의 심장에 공감하는 따스함을 발견하지는 못했다.

"저도 당신의 죄를 지적하지 않겠어요. 이제부터 참다운 자신만의 삶을 살도록 하세요. 욕망의 노예가 되어 자신의 인생을 내팽개치기에는 우리의 삶은 너무도 소중합니다."
예수는 말했다. 그는 가르치고자 하는 생각이 없었다. 그에게는 공감하는 마음과 치료하는 언어가 있었다. 그의 이야기는 그녀 자신의 존재가 얼마나 소중한지 일깨워주었다. 이제껏 얼마나 자신을 경멸했던가? 그녀는 낯선 사람에게 자신의 몸을 주면서 자신을 학대하고 있었다. 그렇게 허비하기에는 삶은 너무 고귀했다. 예수와 함께했던 짧은 시간은 그녀에게 전환점이 되었다. 진심으로 자신을 수용하고, 사랑하고, 아껴주는 삶이 새롭게 시작된 것이다.

출구가 없는 대화

(요 8:12-59)

 자기 말만 하고, 타인의 말에 귀를 기울일 생각이 없는 사람들과 대화하는 것처럼 괴로운 일은 없다. 그런 대화는 에너지를 소진시키고, 크고 작은 상처만 남긴다. 그러나 일상에서 이런 대화는 끊이지 않는다. 마음과 마음이 단절된 순간 느끼게 되는 답답함은 이루 말할 수 없다. 예수는 자신을 모함하려는 유대인들과 이런 대화를 끊임없이 해야 했다. 그 대화에는 삶의 차가운 진실이 담겨 있다.

 "여러분은 저와 함께라면 빛으로 나아갈 수 있어요. 저와 함께 걷는 길이 하나님과 함께 하는 길입니다. 그렇게 우리는 진리로 나아가게 됩니다. 참다운 인간이 되는 길이기도 하지요." 예수가 말했다.

 "그렇게 말하기는 쉽지요. 당신은 우리에게 그냥 덮어두고 나를 믿고 따라오라고 말하고 있어요." 바리새인들이 반박했다.

 "이것이 빛이라는 증거를 지금 눈앞에 들이댈 수는 없

어요. 하지만 제가 하나님을 아버지 삼아 교감하여 동행한다고 말씀드릴 수 있어요. 그런 관계는 눈에 보이는 물질적인 자료로 입증할 수 있는 것이 아닙니다. 보이지 않는 것이 삶에서 더 중요할 수 있어요. 정말 소중한 것은 하나님을 깊은 내면에서부터 경험하는 데서 시작되기 때문입니다." 예수가 말했다.

"당신이 말하는 아버지는 어디 있나요?" 바리새인들은 그 말뜻에는 도대체 관심이 없었다. 이제는 아버지라는 단어의 말꼬리를 잡고 늘어졌다.

"여러분은 제 내면에 있는 아버지를 경험하지 못했나요? 저와 함께 있으면서 아버지에 대해 느끼지 못했다면, 아버지를 알 수 있는 방법이 없어요. 여러분들이 눈앞에 있는 사건, 사고만 바라보니 안타깝네요. 삶은 늘 찾아오는 물질적인 현상에 국한된 것이 아닙니다. 지금 이곳에서 일상에만 매몰되면 죽는 순간 절망하게 됩니다. 우리는 하나님과 함께 새로운 차원의 삶을 살아야 합니다." 예수가 말했다. 바리새인들은 새로운 삶을 제안하는 예수의 이야기를 이해할 수 없었고 이상한 외계어처럼 들렸다. 그래서 이 문제에 대하여 더 이상 언급하기 싫었다.

"당신은 도대체 누구인가요?" 바리새리인들은 보다 도발적인 질문을 던졌다. 당신이 누구냐는 질문은 너무도 무례하다. 살아 있는 인격을 앞에 두고, 그를 이해하고, 그의 이야기를 경청할 생각조차 없으면서 당신은 누구냐고 따지는 셈이다. 이것은 욕설과 다를 바 없는 폭언이다. 어떻게 한 단어로 참다운 존재를 정의할 수 있겠는가? 바로 그 앞에 살아 움직이는 인격체가 있는데 말이다.

"여러분은 제 이야기를 들을 생각이 없군요. 저는 늘 진실한 마음속에서 아버지와 대화하고, 그분의 뜻대로 사는 기쁨 속에서 살아왔습니다. 그런데 제가 누구냐고요? 결국, 여러분은 제 존재의 중심에 있는 아버지 하나님을 모르기 때문에 이런 질문을 합니다. 저는 하나님과 친밀한 대화를 나누며 산답니다. 여러분이 하나님을 친밀한 아버지와 어머니로 알지 못해서 안타까울 따름입니다. 내면에서 참다운 진리를 찾고, 하나님을 발견하는 것은 너무도 특별한 일입니다." 예수는 담담히 대답했다. 사람들은 예수의 자연스러움, 편안함, 안정감에 빠져들었다. 이제까지 저 멀리 하늘에 계신 초월자 하나님만 알았지, 내 안에서 함께 하고 경험할 수 있는 하나님에 대해서는 너무도 무지했다. 그리고 하나님을 내적으로 경험하는 것이 어떤 것인지를 몸소 보여주는 예수는 너무도 인간적이었다.

"제 이야기를 들어보세요. 여러분 마음에서 어떤 감정, 느낌, 생각이 떠오르나요? 가장 깊은 곳에서 찾아오는 그 음성을 놓치지 마세요. 항상 내 마음에 정직하고 충실하면, 진리를 만나게 되어있어요. 진실에 귀를 기울이면, 진리가 찾아옵니다. 이 진리는 자유를 선사해요. 진리를 만나는 순간 억압과 굴레에서 해방되지요. 진정한 치유가 찾아옵니다." 예수가 말했다. 하지만 자신들이 자유롭고 건강하다고 확신하는 사람들은 예수가 말한 치유와 자유를 이해할 수 없었다. 그들은 자신이 누구보다 건강한 정상인이라고 생각했고, 누구보다 똑똑하고 제대로 된 자유인이라고 확신했다. 건강하다고 확신하는 사람들에게 치유는 무의미했고, 자유인이라고 믿는 사람들에게 해방은 무가치했다.

"여러분은 제어되지 않는 욕망 때문에 고민해본 적이 없나요? 그 욕망이 나를 이끌면 그것이 억압상태가 아닐까요? 자신이 부자라서, 교육을 많이 받아서, 든든한 배경이 있어서 건강하고 온전한 사람이라고 생각한다면, 그것은 착각입니다. 그렇게 완벽해 보이는 사람들조차 내면에서는 어둡고, 추악한 일이 벌어지지요. 지금 유대 지도자들도 저를 존중한다고 말하지만, 끊임없이 감시하고, 압박하고 있습니다. 이런 이중적인 태도는 중단되어야 한다고 생각합니다." 예수가 말했다. 유대 지도자들은 자신들의 이중성을 지적하는 말에 기분이 상했다. 이제까지 누구도 완벽한 조건, 신앙적 전통, 지위를 가진 자신들을 정면으로 비판하는 일은 없었기 때문이다.

"우리는 훌륭한 집안에서 좋은 교육을 받으면서 자란

사람들입니다. 우리가 문제 있는 것처럼 말하지 마세요. 저희가 결국 이 유대를 책임지는 지도층이니까요"

"여러분도 저처럼 하나님을 아버지라고 부르지요? 하지만 우리는 마치 다른 하나님을 만난 것 같아요. 제 하나님은 항상 마음을 열고 주변 사람들의 이야기에 경청하라고 가르칩니다. 그런데 여러분의 하나님은 자기 생각들을 합리화하는 논리만 가르쳐주는 것 같습니다. 저는 하나님의 이름으로 자기 자신을 속이기 쉽다는 사실을 얘기하고 싶어요. 하나님은 자기 생각과 가치관을 정당화시키는 도구가 아닙니다. 오히려 자기의 관념과 편견에 도전하는 분입니다. 그분이야말로 제가 경험한 진리의 하나님입니다." 예수는 물러서지 않고 대답했다. 유대인들은 자신들이 기존부터 알아 온 하나님의 이미지에 도전하는 예수의 이야기가 너무도 불편했다.

"당신은 제대로 교육받지 못한 콤플렉스 때문에 우리 같은 사람들에게 쏘아붙이는 게 아닌가요? 당신은 회당에서 토라를 한 번이라도 읽어봤나요? 예루살렘에서 위대한 랍비 문하생도 아니었던 주제에 하나님에 관해 이러쿵저러쿵 말하는군요. 당신, 과대망상증 환자 아닌가요?" 그들은 정색하고 예수를 비난했다. 예수는 이런 인신공격에도 아랑곳하지 않고, 대화를 이어나갔다.

"제가 하나님과 깊은 경험을 나누는 것은 너무도 당연

합니다. 진실을 추구하는 사람들은 결국 하나님을 만나게 되어있어요. 이런 구도자의 길을 무시하지 마세요. 저와 함께 진리의 길을 찾아 나가는 사람은 영원한 세계와 만나는 특별한 경험을 하게 될 겁니다." 하지만 유대인들은 예수의 이야기를 들을 생각이 없었다.

"당신 정말 미쳤군요! 이 땅을 넘어선 새로운 세계를 체험한다고요? 죽음을 넘어선 세계가 있다고요? 당신은 사이비 교주 같은 말을 반복하고 있군요. 당신도 죽을 인간인데, 영원한 세계를 운운하는군요?" 그들은 본색을 드러낸다. 자신들의 세계관과 경험에 비추어 예수를 이단자로 몰았다.

"저는 사람들이 보내는 인기와 존경에 큰 의미를 두지 않습니다. 제게 정말로 중요한 것은 참다운 삶입니다. 이 순간을 진실하게 진리 가운데서 사는 것입니다. 그것이 바로 아버지와 함께 사는 삶입니다. 여러분의 입맛에 맞는 이야기가 모두 진실은 아닙니다. 오히려 진리는 여러분을 불편하게 하곤 하지요. 저는 인류가 고대하던 삶이 바로 이런 삶이라고 생각합니다." 예수는 그들의 협박에도 굴하지 않고 자신만의 속도를 유지한 채 말했다.

"젊은 사람이 인류 역사를 운운하는군요? 교육도 제대로 못 받고, 인생 경험도 부족한 주제에 우주의 섭리를 통달한 것처럼 말하네요. 너무 지나친 거 아닌가요?" 유대인들은 발끈했다.

"저와 함께 이 길을 걸으면 어떨까요? 저는 태초부터 하나님과 함께 진리를 추구하는 길을 걸어왔다고 말할 수 있어요." 예수는 그들의 압박에도 뒤로 물러서지 않았다. 그들에게 예수는 자기를 하나님으로 내세우는 과대망상증 환자로 보였다. 분노한 유대인들은 돌을 들었다. 예수는 그 순간 깨끗하게 자리를 떠났다. 대화가 폭력으로 변질할 때 대화를 시도하는 것은 어리석은 행동이라는 것을 너무도 잘 알았기 때문이다.

많은 사람은 타인의 평판과 존경에 비중을 두고 자신의 인생을 설계한다. 그래서 남들이 부러워할 만한 대학에 입학하고, 남들이 인정하는 직장에 취업하고, 남들이 질투할 만한 배우자와 결혼하고, 남들이 얻고 싶어 하는 부를 축적하고자 한다. 그런 길을 살아온 것이 유대 지도자들의 삶이었다. 하지만 예수는 그런 것이 전혀 부럽지 않았다. 거기에 대단한 의미도 부여할 수 없었다. 예수는 모두가 확신하고 존중하는 가치체계를 뒤집어엎었다. 유대 지도자들은 이런 예수가 두려웠다. 새로운 자유와 진리를 전파하는 예수의 이야기가 체제를 위협하는 선동으로 들렸다.

예수는 지금도 우리의 가치관을 새롭게 재조명할 것을 제안한다. 내면의 음성을 따라 진실을 좇아가라고 격려한다. 하지만 안타깝게도 유대 지도자들에게는 이런 용기가 없었다. 그들은 두려웠다. 자신을 두텁게 보호하고 있던 학력, 지위, 배경의 껍질을 벗어 던지기가 무서웠다. 자신을 지켜 줄 그 무엇도 없는 상황이 끔찍했다. 그들에게는 이 멋진 갑옷을 던질 아무런 이유가 없었다. 그러나 정작 그 갑옷 때문에 마음 깊숙한 곳에서 하나님을 만나고 경험할 기회를 잃어버렸다.

그 갑옷을 벗어 던질 때, 우리는 참된 자아를 만나고, 하나님도 만날 수 있다. 그들에게는 자신만의 길을 가는 예수가 자신을 질투해서 잔소리하는 골칫덩이로만 보였다. 그들이 자신을 보호하기 위해서 할 일은 너무도 분명했다. 예수를 이단자, 콤플렉스 덩어리, 정신병 환자로 매도해서 자신을 정당화하는 것이었다. 우리가 내면의 진실을 외면한 순간, 안타까운 일이 벌어진다. 우리 안에 진리를 적대시하고 파괴하는 괴물이 자라는 것이다. 가슴 아픈 일이다.

2 사람으로 살다

누구의 탓일까?

(요 9:1-41)

내게 닥친 불행은 누구 탓일까? 거대한 고통은 나로 하여금 외부로 그 원인을 돌리게 하고 비난하게 만든다. 그게 신이든 인간이든. 고통을 있는 그대로 받아들인다는 것은 너무도 어려운 일이다. 그래서 우리는 고통을 외면할 길을 찾아다닌다. 고통 속에 머무는 시간이 너무 힘들기 때문이다. 더 쉬운 길을 찾는다. 고통 속에서 아파하기보다 고통의 원인을 제공한 사람을 찾아 비난하는 데 더 많은 에너지를 쏟기도 한다.

예수는 길가에서 구걸하는 한 사내를 보고 있었다. 제자들은 예수의 시선이 눈먼 거지를 향하고 있음을 알아채고 물었다.

"이 사람은 누구의 죄 때문에 이렇게 눈먼 사람으로 태어난 것일까요? 자기 탓인가요? 부모 탓인가요?"

시각장애인은 상당한 불편함을 감수하며, 상상할 수 없는 고통을 안고 인생을 산다. 그런 고통이 우리에게 닥칠까 두렵기도 하다. 그리고 왜 이런 일이 생겼는지 궁금하기도 하다. 고통은 너무도 거대하여서 우리는 그 이유에 대해서 끊임없이 생각하게 된다. 제자들은 시각장애의 고통에 대해 이해할 만한 설명을 듣고 싶어 했다. 이런 장애의 저주를 받지 않기 위해서라도 인간은 어떻게 해야 할지 알고 싶은 것이다.

"이 불행을 누구 탓으로 돌려야 하는지 묻는 말 자체에 문제가 있어요. 누군가가 잘못해서 이 사람에게 시각장애가 생긴 것이 아닙니다. 저는 이 분과의 만남이 특별하다고 생각해요. 그는 하나님께서 자기 뜻을 이루는 통로가 될 거예요. 사람들이 낮에 열심히 일하듯이 저도 하나님의 일에 최선을 다하고 싶어요. 밤이 되면 일을 할 수 없잖아요. 저는 이 땅에서 아름다운 흔적을 남기고 싶습니다."
예수는 제자들에게 말했다.

예수는 시각장애라는 고통 앞에서 그 불행에 관한 도덕적 책임 소재를 따지는 제자들을 나무란다. 예수는 우리의 불행, 어두움, 암흑에는 누구에게도 책임을 돌릴 수 없는 영역이 있다고 말한다. 고통에 처한 상대방을 윤리적, 도덕적, 종교적인 기준으로 평가하는 태도에 문제가 있다는 점을 지적한다. 예수에게는 지금, 이 순간이 소중하다. 이 허름한 행색의 앞 못 보는 사내를 만난, 이 순간이 말이다. 예수는 누구에게 잘못이 있는지는 전혀 관심이 없다.

예수는 온 세계의 시간이 정지된 것처럼 오로지 이 사내에게만 집중한다. 그를 눈먼 사람, 거지, 저주받은 사람이라는 색안경을 쓰고 보지 않았다.

예수는 반짝이는 눈빛으로 그를 바라보았다. 하지만 그의 눈은 굳어있다. 그 사내의 눈은 예수의 빛나는 눈을 반사할 수 없는 깊은 구덩이처럼 패여 있었다. 예수는 뭔가 결심했다는 듯이 흙 위에 침을 뱉는다. 그리고 진흙과 함께 반죽을 만든다. 그리고는 그 반죽을 사내의 눈에 바른다. 알 수 없는 따스함이 예수의 손끝에서 반죽으로, 반죽에서 눈으로, 눈에서 심장으로 전해진다. 그의 심장은 자신도 모르게 쿵쾅거린다. 앞에 있는 예수라는 사내의 심장이 생생하게 느껴진다.

"실로암 못에 가서 씻으세요." 예수가 말했다.

씻으라는 말은 그의 삶에 결핍된 단어였다. 이 말이 오늘처럼 청량한 음악처럼 들린 일이 없었다. 그는 스스로 씻어본 기억이 없다. 늘 지저분한 얼굴, 초라한 행색만큼이나 그의 마음은 한없이 억눌려있었다. 그의 인생은 저주, 책임, 죄, 수치심이라는 단어와 늘 엉켜 있었다. 신학자들은 그를 가운데 앉혀 놓고 시각장애와 저주의 관계에 관해 이러쿵저러쿵 강연했다. 아이들은 그 사내를 저주하는 욕을 내뱉었고, 마지막에는 어김없이 돌이 날아왔다. 그는 이 지역에서 저주의 아이콘이자, 놀림거리였다. 어느덧 자신도 그런 취급을 당연하게 생각했다. 그는 자신의 죄를 자책했다. 저주받은 존재임을 자인했다. 그런데 예수라는 청년은 그의 편에서 말했다. 그의 인생이 저주받은 것이 아니라고 했다. 그 누구의 죄 때문에 장애를 얻게 된 것이 아니라고 말이다. 그는 자신의 귀를 의심했다. 그런 언어는 너무도 낯설었다. 누군가가 그의 편에 서서 이야기해줄 것이라고는 상상도 하지 못했다.

예수는 자신의 온기가 어린 침을 진흙에 뱉었다. 그 침과 진흙을 섞어 반죽을 만들었다. 그 반죽이 그의 눈에 닿는 순간 그는 전율했다. 마치 예수의 체온이 그 반죽을 타고 눈에서 온몸으로 퍼져나가는 듯했다. 온몸의 감각이 새롭게 움직이는 것을 느꼈다. 고여있던 피들이 갑자기 따뜻해져서 온몸을 순환하는 것을 감지했다. 그의 마음은 그를 압도하는 따스하고, 친근한 느낌에 녹아들었다. 굳어있던 마음, 상처받은 마음에 변화가 시작되기 시작했다. 그의 눈가에는 촉촉한 눈물이 고이고 있었다. 예수는 장애와 무관하게 그를 소중하게 대해 주었다. 체온의 따스함을 흙과 마음에 담아 전해준 최초의 사람이었다. 예수에게는 그의 인생을 변화시키는 무엇인가가 있었다. 그 진흙은 그를 수용해주고, 인정해주며, 이해해주는 감정을 온몸에 퍼지게 했다.

그가 처음 태어났을 때, 부모님도 당혹감을 감출 수 없었다. 그 후 집안은 저주받았다는 손가락질을 당해야 했다. 동네 사람들의 비난, 놀림, 정죄, 비판을 감수해야 했다. 자신의 탄생이 가족에게 드리운 어두움 때문에 집을 떠나야 했다. 그는 자신을 늘 자책했고, 죽겠다고 수없이 다짐하곤 했다.

그는 지금 새로운 기대를 품은 채 실로암 연못을 향하고 있다. 보냄을 받았다는 의미의 실로암이 사뭇 다르게 느껴졌다. 예수가 나를 실로암으로 보냈다. 그곳에서 진흙을 씻으라고 했기 때문이다. 진흙을 씻어내는 순간 그는 자신의 더러움, 죄, 저주, 학대, 놀림, 비판, 비웃음도 함께 비늘처럼 함께 쓸려가는 것을 느낄 수 있었다. 그리고 눈앞에는 새로운 빛의 세계가 열렸다. 어둠을 뚫고 빛과 형체가 그의 삶에 들어왔다. 회색과 암흑만이 자욱했었는데 밝은 빛과 구체적인 형상들이 등장했다. 그의 세상은 이제 화려한 원색으로 거듭났다.

하지만 바리새인들은 이 소식에 전혀 기뻐하지 않았다. 예수가 안식일에 금지된 행위를 한 것과 사내가 눈을 떴다는 사실에 당혹감을 감추지 못했다. 그들은 구원과 치유가 안식일의 규정을 준수하고, 예루살렘 제사장들의 성전의식을 통해서만 이뤄진다고 생각했다. 그들의 관점에 따르면 구원은 성전, 율법과 제사 의식을 통해서만 가능한 것이었다. 이런 틀을 깨뜨리고, 자유롭게 행동하는 예수는 이단자이고, 제거되어야 할 악에 불과했다. 그가 시각장애인의 눈을 뜨게 했다는 사실이 그들의 생각을 바꿀 수 없었다. 그 치유가 시각장애인에게 어떤 것을 의미하는지 전혀 관심이 없었다. 오로지 예수는 유대교를 위협하는 위험인물일 따름이었다.

사람들은 종교를 수호하기 위해서 생명을 죽이는 일을 서슴지 않는다. 심지어 사람을 살리고, 병을 치료하는 행위까지 악으로 규정하기도 한다. 자신들이 정한 교리, 율법, 절차에서 벗어난 행위가 보이면 악과 이단으로 몰아버린다. 이런 종교의 틀과 패러다임 속에서는 참다운 만남이 있을 수 없다. 오로지 시각장애인의 저주 원인이 누구의 탓인지를 따지는 형식적이고, 관념적인 토론만 오갈 뿐이다.

이 시각장애인에게 필요한 것은 사랑이었다. 그를 저주하지 않고, 그를 탓하지 않고, 그를 있는 그대로 인정해주는 한 명의 친구가 필요했다. 예수는 모두가 그를 비난하고, 비웃을 때, 그의 편에 서주었다. 그의 눈에 흙 반죽을 발라주고, 처음으로 자신의 눈을 씻는 경험을 선사해주었다. 자신의 눈을 덮고 있던 흙이 씻겨나가는 순간, 그는 새로운 세상을 보았다.

정작 자신들이 모든 것을 알고 있다는 신학자들, 종교인들, 지도자들은 무엇이 한 사람을 진정으로 이해하는 것인지, 살리는 것인지 전혀 알지 못했다. 그들에게 그 사내는 길가에 앉아 있는 노숙인에 불과했다. 그가 눈을 떴는지 감았는지, 그가 누구인지는 애초에 관심거리조차 아니었다.

예수는 바리새인들과는 전혀 다른 눈으로 한 사람을 바라보았다. 그의 마음을 만졌고, 그와 개인적인 접촉을 했다. 그 만남, 새로운 관계가 어둠 속에 갇혀있던 사내의 눈에 빛을 선사했다. 사람을 살리는 것은 마음과 마음이 오가는 대화다. 사람을 저주받은 존재가 아닌 가능성을 지닌 존재로 대할 때 구원과 치유가 임한다. 내 옆에 있는 사람과 참다운 만남을 갖고, 의미 있는 접촉 속에서 구원을 경험한다. 그것이 바로 예수가 걸었던 길이고, 시각장애인을 인도한 길이다.

좋은 지도자란?

(요 10:1-42)

우리에게 사람은 무엇인가? 정치가에게는 유권자, 사업가에게 고객, 종교인들에게는 신자를 의미한다. 이렇게 정의된 사람은 항상 수치화된다. 유권자는 득표율로 전환된다. 소비자는 구매 능력으로, 성도는 헌금 액수로 변환된다. 그래서 정치인에게는 모든 사람이 절대로 평등할 수 없다. 각종 동호회나 이익단체의 대표자들은 보통 사람들 수백 배의 가치를 가진다. 그들이야말로 여론을 움직여 그를 국회로 이끌고 갈 자산이기 때문이다. 카드 회사는 매달 수천만 원 이상의 금액을 쓰는 고객을 VVIP로 따로 관리한다. 그들에게는 명품 지갑, 면세점 할인권, 특별공연 관람권 등 파격적인 혜택과 서비스를 제공한다. 이들 몇 명을 통해 얻는 수익이 수백 명의 평범한 카드 사용자를 통한 이익보다 훨씬 많기 때문이다. 인간을 영혼으로 섬기는 종교단체도 마찬가지다. 교회든, 사찰이든 많은 기부를 하는 신자들은 특별한 대접을 받는다. 큰 교회 목사님이나 주지 스님은 그들의 의견을 존중하고, 개인적으로 만나서 자유롭게 대화하는 특전을 베푼다. 평범한 성도들이 목사님이나 스님과 대면하는 기회를 얻는다는 것은 언감생심이다.

오늘날 자본주의 사회는 돈에 의해 움직인다. 돈이 조직을 움직인다는 논리는 21세기 한국 땅에서만 벌어지는 일이 아니다. 2천 년 전 예루살렘에서도 존재했다. 예수가 했던 이야기에 귀 기울여 보자.

"저는 좋은 지도자가 되고자 합니다. 좋은 지도자는 주위의 사람들을 먼저 생각합니다. 자기 중심성에서 해방되어 자신을 희생할 수 있는 능력이 있는 사람입니다. 자신의 이익만을 중심에 두고 행동하는 사람은 참된 지도자가 될 수 없습니다. 이렇게 성공에만 집착하는 기회주의자는 주변 사람들을 소중히 여기는 법이 없기 때문이지요. 막상 위기 상황이 닥치면 사람들을 버리고 자기만 살 궁리를 찾습니다. 이런 고위층들 때문에 평범한 사람들이 애매한 재난에 빠져서 엄청난 고통을 겪습니다. 성공이 목적인 사람에게는 돈과 지위가 전부입니다. 그래서 이런 사람이 높은 지위에 오르면 그 밑에 있는 사람들이 소모품으로만 보이는 것입니다." 예수는 자신을 좋은 지도자라고 했다. 왜 그렇게 생각했을까?

"저는 울타리가 되고자 합니다. 그 울타리 안에서 모든 사람은 성숙한 인간으로 스스로 판단하고, 행동할 수 있습니다. 이들을 착취하고, 이용하려는 자들의 시도가 있으면, 이를 차단하는 든든한 방어막이 될 것입니다. 그렇다고, 제 사람들을 울타리에 가두지만은 않을 것입니다. 저는 안전한 울타리일 뿐만 아니라 넓은 세계와 연결하는 문이기도 합니다. 이 울타리 안에서 자율적으로 성장한 사람들이 저를 뛰어넘어 이 문을 박차고 나가도록 돕겠습니다. 저는 그들이 더 넓은 세계에서 저와 같은 지도자로 성장하기를 원합니다. 결코, 제 사람들이라고 그들을 제 테두리에 가둬두지 않을 것입니다. 그들이 더 넓은 세계로 나아갈 수 있도록 문을 열어 둘 것입니다." 예수는 말한다. 예수의 지도력은 더 깊은 차원을 향하고 있다.

"좋은 지도자는 사람들과 대화합니다. 단순한 대화를 넘어서 교감을 느끼고, 깊은 공감의 단계로 나아갑니다. 저는 하나님과 이런 깊은 만남을 경험했습니다. 다른 사람과 공감하면 자신을 희생할 마음이 생깁니다. 저는 제가 섬길 대상을 직접 만나는 주변 사람에게만 제한하고 싶지 않습니다. 공감하는 모든 사람과 함께 하고 싶습니다. 내면의 진실에 귀 기울이는 사람이라면 제게 공감할 수 있을 것입니다. 많은 사람이 제 생각과 온전히 하나 될 수 있다고 생각합니다. 저는 남이 시켜서 희생하고, 양보하는 것이 아닙니다. 남들의 시선을 의식해서 희생하는 것도 아닙니다. 저는 사람들을 위해서 제 목숨을 걸고자 합니다."

우리는 남의 시선을 의식해서 선행을 하곤 한다. 남들에게 좋은 평판을 얻기 위해서 희생하고, 양보하는 것이다. 하지만 예수의 희생은 달랐다. 남들의 평판에 아랑곳하지 않은 채 스스로 결단하고 행동했기 때문이다. 여기에 외적인 선행과 참다운 선행의 차이가 존재한다. 예수의 행동은 함께 하는 사람들에 대한 깊은 공감에서 우러나온 자연스러운 선택의 결과였다. 그들과 대화하고, 교감하며, 공감했기 때문에 그들을 위해서 생명까지도 내놓을 결단을 한 것이다. 하지만 좋은 사람이라는 평판에 기댄 선행은 위기의 순간에 꼬리를 내릴 수밖에 없다. 좋은 평판이 성공을 위한 수단에 불과하기 때문이다. 우리는 여기서 진실에 바탕을 둔 진정성이 얼마나 중요한지 깨닫게 된다. 만남, 대화와 공감만이 기회주의자를 구원할 수 있다. 이런 참다운 관계가 모자란 지도층이 우리 주변에 적지 않다. 예수는 공감 능력을 갖춘 지도자였다. 그래서 그에게 생명을 내걸고 사람들을 구원하는 일이 전혀 어렵지 않은 일이었다. 왜냐하면, 그들을 위해서 자신을 버리는 것이야말로 진정으로 예수 자기 자신을 위한 행동이었기 때문이다.

예수는 하나님을 특별하게 경험했다. 예수는 하나님을

대면했고, 만졌다. 하나님의 마음에 뜨겁게 접촉되었고, 신의 뜻에 깊이 공감했다. 이런 근원적인 경험이 예수를 단순한 나사렛 목수를 넘어서 인류 구원의 소명을 성취하게 했다. 지금도 인간이 하나님을 대면하는 경험은 계속되고 있다. 이 경험은 너무도 특별하고, 신비한 비밀로 남아 있다. 인간과의 공감이 참다운 지도자를 만들어 내듯이, 신과의 공감은 진정한 인간을 만들어 낸다. 진정한 인간만이 참다운 지도자가 될 수 있다. 예수는 지도자의 조건을 설명하고 몸소 살아냈다. 그래서 우리는 그를 우리의 스승으로 마음 깊이 인정하지 않을 수 없다.

슬픔에 머문다는 것

(요 11:1-44)

 예수가 거침없이 진실을 말할수록 예수 주변에는 감시와 통제가 심해졌다. 그는 유대 지도자들이 제거하고자 하는 정치범 1순위였기 때문이다. 예수의 언어는 유대 종교 시스템에 폭탄처럼 다가왔다. 유대 종교지도자들은 자신들이 예수와 공존하는 것이 불가능하다는 사실을 직감했다. 그래서 예수를 면밀하게 감시해왔다. 하지만 이제는 체포해서 그를 제거하고자 움직이기 시작했다. 예수는 이를 감지하고 제자들과 함께 유대 종교 세력들의 영향권 밖으로 피했다. 그곳은 요단강 건너편의 광야였다. 세례 요한의 활동 근거지이자, 구도자들이 모이는 지역이었다. 종교 권력의 외적인 권위가 이 사막까지 예수를 추적해올 가능성은 희박했다. 예루살렘 권력층들이 구도자적 삶을 추구하는 유대인들이 집결한 이곳까지 자신들의 사법권을 행사하기에는 무리였다.
 간만에 예수와 제자들은 숨을 돌릴 수 있었다. 지속적

인 감시, 시험, 미행, 음모로 가득 찬 예루살렘을 떠났다는 사실만으로도 마음이 한결 가벼워졌다. 그러나 이런 기쁨도 잠시였다. 예수의 절친한 친구 나사로가 병들었다는 소식이 전해졌다. 그의 여동생 마르다와 마리아는 항상 예수 곁을 지키면서 수고했던 사람들이었다. 경제적으로 궁핍해지거나, 사역 때문에 마음이 울적해질 때, 예수는 나사로 가족을 찾았다. 그들은 예수를 진심으로 이해해주었고, 예수의 사정에 공감해 주었다. 그들은 예수의 친구였다. 유대 땅에서 예수가 마음 편히 쉴 수 있는 유일한 곳이 베다니 나사로의 집이었다. 베다니는 예수에게 제2의 고향 같은 곳이었다. 그곳에는 예수가 돌아갈 집이 있었다.

그런데 충격적인 소식이 전해졌다. 나사로가 중병에 걸렸다는 것이다. 마르다와 마리아는 예수가 이 소식을 들으면 만사를 제쳐두고 베다니로 달려오리라 생각했다. 하지만 예수는 이틀 동안이나 요단강 건너편에서 미적거리는 것 같았다.

"그 병은 죽을병이 아닙니다. 하나님이 하시는 일이 드러날 것이니 걱정하지 마세요." 예수가 말했다. 죽어가고 있는 오빠 앞에서 두 자매는 심한 정신적 붕괴를 경험하고 있었다. 그런데 예수는 죽을병이 아니라고 말한다. 하나님의 뜻이 이뤄질 것이라고 답변한다. 지금 당장 큰 고통을 당하고 있는 사람에게 막무가내로 잘 될 거라고, 별문제가 아니라고 말하는 것은 위로가 아니다. 그 상황에 대해 깊이 생각하지 않고 좋은 말만 늘어놓는 것은 지나가는 사람의 안이한 말처럼 들린다.

눈앞에서 사람이 죽어가는 마당에 죽을병이 아니고, 잘 될 것이라는 예수의 대답을 전해 들은 두 자매의 마음이 어떠했을까? 서운했을 것이다. 늦게 오면 늦는 이유라도 말해주면 좀 나았을 것이다. 그 값싼 위로에 짜증이 치밀었을 것이다.

예수는 왜 이렇게 말했을까? 사실 예수도 당시에 경황이 없었다. 유대에서 환영받는 지도자였다가 이제는 광야로 도망친 처지였다. 자신만 믿고 따라 나온 제자들을 보면서 마음은 더 무거워졌을 것이다. 지금, 이 시점에 유대 땅을 밟는 것은 명백한 자살행위였다. 유대 지도자들이 전 유대 지역에 걸쳐 정보원을 배치해두고 예수를 체포하려고 혈안이 되어있었기 때문이다. 유대 베다니를 방문하는 것은 본인과 제자들의 생명을 위협에 처하게 하는 행위처럼 보였다. 이런 와중에 나사로의 생명이 위독하다는 소식을 무시하고 싶었을지도 모른다. 그래서 스스로도 괜찮을 거라고 자위했는지도 모른다. 중병이라는 말은 과장일 것이라고 말이다.

예수는 이틀 동안 광야에 머물면서 생각을 가다듬었다.

그리고 나사로를 만나러 유대 땅 베다니에 직접 가야 한다는 결론에 이르렀다. 처음에는 무심하게 가벼운 병이라고 생각하면서 지나쳤는지 몰라도 시간의 경과와 함께 중병이라는 말이 예수의 생각과 가슴에 스며들었다.

"다시 유대로 가자." 예수가 말했다. 제자들은 이 말을 자살하러 가자는 말로 들었다. 권력자들이 예수를 죽이겠다고 공언하는 마당에 유대 땅으로 가는 것은 폭탄을 안고 적진에 뛰어드는 행위였기 때문이다.

"지금은 모든 사람이 제 주변에서 살펴보고 있어요. 이렇게 보는 시선이 많은데 그들도 저를 지금 당장은 어떻게 할 수는 없을 겁니다. 제 친구 나사로가 잠들었습니다. 그를 깨워야 해요." 예수는 말했다.

"나사로 병도 한숨 푹 자고 나면 낫겠지요." 제자들은 유대로 들어가는 것이 내키지 않은 듯이 대답했다.

"나사로는 이미 죽었어요. 제가 거기에 있지 않았다는 사실에 가슴이 아프네요. 그러나 절망해서는 안 돼요. 저는 하나님께서 이 사건을 통해서 새로운 일을 행하실 것을 알고 있습니다. 여러분에게도 새로운 마음이 찾아올 겁니다." 예수는 이제 좀 더 분명하게 말했다.

이런 각오로 예수와 제자들은 베다니에 들어섰다. 하지만 마을 전체는 이미 깊은 슬픔에 빠져 있었다. 마을 전체가 죽음의 그림자로 덮여 있는 듯했다. 나사로가 죽은 지통을 당하고 있는 사람에게 막무가내로 잘 될 거라고, 별 문제가 아니라고 말하는 것은 위로가 아니다. 그 상황에 대해 깊이 생각하지 않고 좋은 말만 늘어놓는 것은 지나가는 사람의 안이한 말처럼 들린다.

눈앞에서 사람이 죽어가는 마당에 죽을병이 아니고, 잘 될 것이라는 예수의 대답을 전해 들은 두 자매의 마음이 어떠했을까? 서운했을 것이다. 늦게 오면 늦는 이유라도 말해주면 좀 나았을 것이다. 그 값싼 위로에 짜증이 치밀었을 것이다.

예수는 왜 이렇게 말했을까? 사실 예수도 당시에 경황이 없었다. 유대에서 환영받는 지도자였다가 이제는 광야로 도망친 처지였다. 자신만 믿고 따라 나온 제자들을 보면서 마음은 더 무거워졌을 것이다. 지금, 이 시점에 유대 땅을 밟는 것은 명백한 자살행위였다. 유대 지도자들이 전 유대 지역에 걸쳐 정보원을 배치해두고 예수를 체포하려고 혈안이 되어있었기 때문이다. 유대 베다니를 방문하는 것은 본인과 제자들의 생명을 위협에 처하게 하는 행위처럼 보였다. 이런 와중에 나사로의 생명이 위독하다는 소식을 무시하고 싶었을지도 모른다. 그래서 스스로도 괜찮을 거라고 자위했는지도 모른다. 중병이라는 말은 과장일 것이라고 말이다.

예수는 이틀 동안 광야에 머물면서 생각을 가다듬었다.

그리고 나사로를 만나러 유대 땅 베다니에 직접 가야 한다는 결론에 이르렀다. 처음에는 무심하게 가벼운 병이라고 생각하면서 지나쳤는지 몰라도 시간의 경과와 함께 중병이라는 말이 예수의 생각과 가슴에 스며들었다.

"다시 유대로 가자." 예수가 말했다. 제자들은 이 말을 자살하러 가자는 말로 들었다. 권력자들이 예수를 죽이겠다고 공언하는 마당에 유대 땅으로 가는 것은 폭탄을 안고 적진에 뛰어드는 행위였기 때문이다.

"지금은 모든 사람이 제 주변에서 살펴보고 있어요. 이렇게 보는 시선이 많은데 그들도 저를 지금 당장은 어떻게 할 수는 없을 겁니다. 제 친구 나사로가 잠들었습니다. 그를 깨워야 해요." 예수는 말했다.

"나사로 병도 한숨 푹 자고 나면 낫겠지요." 제자들은 유대로 들어가는 것이 내키지 않은 듯이 대답했다.

"나사로는 이미 죽었어요. 제가 거기에 있지 않았다는 사실에 가슴이 아프네요. 그러나 절망해서는 안 돼요. 저는 하나님께서 이 사건을 통해서 새로운 일을 행하실 것을 알고 있습니다. 여러분에게도 새로운 마음이 찾아올 겁니다." 예수는 이제 좀 더 분명하게 말했다.

이런 각오로 예수와 제자들은 베다니에 들어섰다. 하지만 마을 전체는 이미 깊은 슬픔에 빠져 있었다. 마을 전체가 죽음의 그림자로 덮여 있는 듯했다. 나사로가 죽은 지

벌써 사흘이라는 시간이 흘렀다. 나사로는 마르다와 마리아를 지켜 주고, 돌봐주던 유일한 오빠였다. 그의 빈자리는 너무도 컸다. 두 자매는 아직 슬퍼할 마음의 준비가 되어있지 않았다. 그를 이대로 떠나보낼 수 없었다. 나사로의 사람됨에 매료되었던 많은 조문객이 찾아와 두 누이를 위로했다. 예수가 찾아왔다는 소식이 들려왔다. 마르다는 옷매무새를 가다듬고 예수를 맞으러 나갔다. 하지만 아직도 현실을 받아들일 수 없던 마리아는 얼이 빠진 채 허공만 쳐다보며 앉아 있었다.

"선생님께서 여기 계셨더라면 제 오빠가 죽지 않았을 거예요. 선생님이 기도하시면, 하나님이 응답해주신다는 믿음을 갖고 있었는데 …." 마르다가 예수에게 말했다. 마르다는 자신의 가족이 얼마나 예수를 찾았는지 떠올렸다. 죽어가는 오빠는 임종하면서 예수의 얼굴을 한 번만이라도 보고 싶어 했다. 하지만 나사로 가족이 가장 필요했던 순간에 예수는 광야에서 지체했다. 그녀는 이 사실에 분노했다. 예수 앞이라서 예를 갖춰 에둘러 말했을 따름이다.

'우리 오빠가 사경에서 헤매다가 죽어갈 때 선생님은 어디서 뭘 하고 있던 거예요? 우리는 친가족 같은 사이 아니었던가요? 우리는 당신이 힘들 때 옆에 있어 줬어요.' 마르다의 속마음이었다.

"마르다, 오빠는 살아날 거예요." 예수가 말했다. 마르다는 귀를 의심했다. 이 말은 위로가 아니라 자신에 대한 시험처럼 들렸다.

"예, 마지막 날에 오빠도 부활하겠지요. 그때 다시 살아나겠지요." 마르다는 즉시 모범답안 같은 대답을 했다.

"마지막 날까지 기다리지 않아도 돼요. 지금, 부활과 생명을 경험할 수 있기 때문이에요. 제 마음에 공감하는 사람은 죽음을 극복하고, 죽음을 넘어설 수 있어요. 당신은 그것이 무엇인지 아나요?" 예수는 도발적으로 말했다.

"알 것 같아요. 선생님을 만난 뒤로 제 삶에 알 수 없는 변화가 생겼고, 하나님을 진정으로 경험하게 되었잖아요." 마르다가 대답했다. 마르다는 예수의 이야기를 모두 이해할 수 없었다. 오빠를 살린다는 말이 고맙기도 하고, 허황하게 들리기도 했다. 이럴 때는 예수와 말이 잘 통하는 마리아를 불러오는 것이 낫겠다 싶었다.

"선생님이 너를 찾으셔." 마르다가 마리아에게 조용히 속삭였다.

마리아는 정신이 난 듯 벌떡 일어났다. 그리고 달려나갔다. 사람들은 마리아가 죽은 오빠를 위해 애도하러 무덤에 가는 줄로 생각하고 따라나섰다. 그녀는 예수를 만나자마자 그 발 앞에 엎드렸다.

"선생님, 도대체 어디 계셨어요? 함께 계시기만 했어도 오빠가 이리도 허망하게 죽지는 않았을 거예요." 마리아가 원망스러운 마음을 쏟아 놓았다. 나사로가 다시 살아날 것이라고 주장하던 예수도 마리아의 말에 슬픈 감정이 복받쳤다. 마리아는 하염없이 울었다. 그녀의 마음을 이해해줄 예수를 만나자 이제 마음 놓고 슬픔을 쏟아 놓을 수 있을 것 같았다. 죽은 오빠를 만난 것만 같았다. 그녀의 눈물에 주변 사람들도 울기 시작했다. 예수도 울었다. 나사로가 그리웠고, 그와 함께 했던 시간이 한 편의 영화처럼 머릿속에 스쳐 갔다. 나사로는 예수에게 각별한 친구였다. 나사로는 나사렛에서 온 예수를 진심으로 대해 주었다. 다른 사람들이 촌 동네 목수라고 무시할 때도 예수를 하나님의 사람으로 존중했다. 예수와 그는 마음을 열고 대화를 나누는 둘도 없는 친구였다. 예수는 나사로의 격의 없는 태도와 진실함이 좋았다. 그래서 베다니가 예수에게 쉼의 장소가 되었다.

그런데 사람들이 예수를 원망하기 시작했다. 시각장애인의 눈도 뜨게 한 사람이 정작 절친한 친구의 죽음을 내버려 뒀다고 비난했다. 요단강 건너편에서 이틀이나 되는 소중한 시간을 낭비하며 방문을 늦춘 예수의 게으름과 무책임함에 대해서 한마디씩 했다.

예수에게는 더 이상 그런 비난이 들리지 않았다. 예수는 복잡한 감정에 휩싸였다. 소중한 사람을 지켜내지 못한 사람이 느끼는 자책감이 들었다. 가장 소중한 친구를 잃은 깊은 상실감이 올라왔다. 그동안 아무것도 하지 못한 자신에 대한 무력감이 찾아왔다. 친구를 생각하니 눈물이 멈추지 않았다. 예수는 나사로가 묻혀있는 자그마한 굴 앞에 섰다.

"하나님, 당신은 따스한 아버지입니다. 늘 제 이야기에 귀 기울이시지요. 당신은 이 순간에도 이곳에 저와 함께 하시지요. 오늘 제 마음과 함께 한 모든 분의 마음이 무너지고 있습니다. 아파하는 이들이 하나님을 경험하게 해주세요. 그리고 당신과 함께 산다는 것이 무엇인지 깨닫게 해주세요." 예수는 무덤의 돌을 치우게 하고 기도했다.

"나사로, 나오세요!" 예수는 큰 소리로 선포했다. 그러자 온몸이 천에 감긴 나사로가 굴에서 나왔다.

"편하게 움직이도록 천을 풀어주세요." 예수가 사람들에게 말했다.

나사로가 새로운 생명을 얻어서 걸어 나왔다. 예수의 친구, 마르다와 마리아의 오빠, 베다니 사람들의 이웃이 이렇게 돌아왔다. 산 자와 죽은 자를 가르던 죽음의 심연이 순간 매워졌다. 절망이 희망으로, 죽음이 생명으로 바뀌었다. 죽음은 우리에게 끊임없는 상처를 강요했고, 우리는 무기력감에 치를 떨며 이별을 강요당해야 했다. 근원적인 상실을 경험하는 순간 인간의 연약한 존재 방식을 받아들여야 했다.

예수는 죽음에 새로운 빛이 찾아오는 경험을 했다. 이웃의 아픔에 깊이 공감하는 예수의 마음에서부터 이런 변화가 시작되었다. 아픔을 신적인 공감으로 확장하고, 신과 하나 된 삶의 발걸음이 우주적인 기적을 만들어 냈다. 놀라운 기적은 아픔을 아픔 그대로 받아들이고, 눈물을 흘리고, 무력감에 분노하고, 답답한 현실을 온전히 받아들인 심연 속에서 시작된다. 우리의 존재가 상처, 아픔, 고통, 분노에 충분히 머물면, 구원이 찾아온다. 하지만 우리의 마음은 너무 조급하다. 이런 고통 자체를 겪지 않으려 한다. 늘 피할 방법을 찾는다. 죽기 전에 나사로가 치료되면 좋은 것이 아닌가? 우리는 마르다와 마리아처럼 이런 갈등의 지난한 과정을 직면하고 싶지 않다.

완벽하고, 편안하며, 건강한 상태가 영속된다면 얼마나 좋겠는가? 하지만 나사로의 죽음처럼 삶은 죽음을 벗삼을 수밖에 없다. 죽음 앞에서 우리는 신을 욕한다. 인류에게 왜 고통이 따라다니는지 묻는다. 우리의 질문에는 끝이 없다. 고통을 피하고 싶고, 고통을 받아들이기 싫고, 고통에 머물기를 원하지 않는다. 그래서 결국은 마음으로 고통을 부정한다. 하지만 고통을 이기는 길, 고통을 치유하는 길은 예수처럼 모두가 함께 눈물을 흘리는 것뿐이다. 서로 가슴 아파하고, 공감하고, 위로하는 것 외에는 길이 없다.

　우리는 언제나 고통 없이 안정된 마음으로 넘어가려는 유혹에 빠진다. 하지만 우리에게는 마땅히 느껴야 할 고통이 존재한다. 이를 거절하면, 우리는 감각이 마비되는 저주에 빠진다. 예수가 그랬듯이 눈에 수도꼭지가 풀린 사람처럼 펑펑 울어야 한다. 이런 눈물과 애도의 순간이 지나면 나사로가 살아서 우리에게 다가온다. 구원이 찾아오고 새로운 삶을 살 힘을 얻게 된다.

정의라는 이름의 불의

(요 11:45-57)

나사로가 살아난 사건은 유대 지역의 민심을 변화시켰다. 많은 사람이 예수를 믿고 따르겠다고 나섰다. 이런 민심의 전환은 대제사장과 바리새인에게도 감지되었다. 대제사장과 바리새인들은 다급해졌다. 결정적인 조치를 취해야 했다. 유대 최고 의회가 소집되었다. 모인 의원들의 얼굴에는 불안이 드리웠다.

"어떻게 해야 할까요? 이 사람은 끊임없이 일을 벌이고, 표적을 일으킵니다. 이대로 가면 모든 사람이 예수의 추종자가 되고 말 것입니다. 예수가 주도권을 갖게 되면 로마군이 팔레스타인 지역에 직접 개입할 것이 분명합니다. 결국, 우리의 생명, 재산, 힘 모든 것을 잃고 말겠지요." 그들이 말했다.

"여러분, 주목하세요. 예수의 활동을 내버려 두면, 우리 민족 전체가 멸망할 것입니다. 이 사람을 제거해야 우리 민족이 살 수 있습니다." 대제사장인 가야바가 말했다. 예수라는 인물의 위험성은 유대 지도자들 사이에서 수시로 논의되어 왔다. 하지만 이번 회의는 달랐다. 이 회의에서 그들은 예수가 유대 전역에 걸쳐서 적극적으로 활동하고 있다는 점을 우려했다. 그리고 기이한 이적을 행함으로써 신적인 능력을 나타내어 수많은 사람이 예수의 추종자로 전향하고 있다는 점에 걱정은 더 커졌다.

유대 지도자들은 스스럼없이 예수가 하나님의 표적을 행한다고 인정한다. 그러면서 그를 죽이는 것이 모든 백성을 위한 길이라고 단언하고 있다. 그들은 이스라엘 민족과 모든 백성을 위한다는 명분을 내세운다. 하지만 진정한 의도는 다른 곳에 있었다. 그들이 팔레스타인 지방에서 정치적, 종교적, 경제적 지위를 유지하기 위해서는 예수가 골칫거리였다. 그들은 현상 유지를 원했기 때문이다. 로마군대가 무력을 바탕으로 유대를 지배하는 것을 인정했다. 그들은 로마제국을 지지하는 대가로 종교적 자치권, 권력과 부를 얻었다.

유대 지도자들은 예수가 어떤 말을 하는지, 어떤 행동과 기적을 일으키는 지에는 관심이 없었다. 오직, 예수가 유대 종교 시스템을 해체함으로써 자신들의 입지가 약화되는 상황을 우려했다. 예수의 행동이 유대 민중의 삶에 어떤 변화를 일으킬지, 그의 인간 됨이 어떠한지는 이야깃거리가 아니었다. 예수라는 괴짜가 자신들의 권력과 재산을 무너뜨릴까 봐 걱정스러웠다.

돈과 권력은 이렇게 우리의 눈을 멀게 만든다. 사람, 사물, 현상을 수치와 영향력으로 계량화시켜 판단하게 된다. 우리 앞에 벌어지는 사건에는 무지개처럼 다양한 의미와 가치가 있다. 이런 사건을 자신의 경제적, 정치적, 종교적 이익에 비추어 축소해 해석하고, 그 이익을 실현하기 위해서 기계처럼 대응하게 되기 때문에, 이에 매몰되는 순간 비인간적으로 변하게 된다. 그런 비인간성을 보여주는 것이 유대 종교를 대표했던 대제사장 가야바다. 신을 섬기는 위치에 있는 사람이 돈과 권력의 수호자가 되어 참 자유와 진리의 길을 걷는 예수를 막아서는 핵심 역할을 수행하는 것이다.

권력자들은 공익이라는 명목으로 소수자를 희생시킨다. 선을 위해서 소수의 희생은 불가피하다는 것이다. 대제사장이 예수를 죽이기 위해서 그런 논리를 폈다. 오늘날도 국가, 기업, 학교, 교회, 가정 등 조직에서 소수자의 입을 막고, 그들을 학대하며, 배제하곤 한다. 조직 전체의 이익을 위해서 그런 행동이 불가피하다고 주장한다. 그런 의미에서 우리는 강자가 주장하는 정의를 한 번 의심해야 한다. 강자는 자신도 모르게 자신의 이익이 정의라고 착각하면서 이를 타인에게 강요할 가능성이 농후하기 때문이다.

약자도 수긍할 수 있는 정의가 평화를 가져오는 참다운 정의다. 예수는 약자의 편에서 그들과 공감하는 발걸음을 걸었다. 강자가 지배하는 현실에서 예수는 아무도 꿈꾸지 못한 길을 몸소 걸어갔다. 강자와 약자가 함께 공존하며 배려하는 세상을 말이다. 하지만 이 의회소집 사건은 현실정치가 예수의 길을 수용하기 얼마나 어려운지 적나라하게 보여준다. 예수의 길은 정말 험하고, 위험했다. 의회는 예수를 야당 지도자에서 반란군의 수괴로 낙인찍는다. 권력은 합법적인 절차를 통해 성자를 범법자로 만들어 버린다. 힘을 바탕으로 한 권력은 무섭다. 불의를 정의로 채색해내는 화가이기 때문이다.

향기와 눈물이 있는 저녁 식사

(요 12:1-11)

나사로가 다시 살아난 사건은 유대 땅을 뒤흔들었다. 이제 사람들의 관심은 전 세계에 흩어진 유대인들이 한자리로 모이는 유월절에 예수가 예루살렘에 나타날지에 쏠렸다. 예수는 이스라엘을 해방할 지도자로 주목받았다. 예수에 대해 냉랭하던 유대 지역의 분위기도 나사로가 살아난 뒤로는 갑작스러운 관심과 지지로 돌변했다. 하지만 예수에게 이런 지지와 환영은 별다른 의미가 없었다. 예수에게 돌을 던지면서 체포하려고 했던 사람들이나, 로마의 압제에서 해방해줄 정치인으로 칭송하는 사람들이나 모두 예수를 이해하지 못하는 것은 마찬가지였다.

그런 의미에서 예수는 자신에 대한 비난만큼이나 지지에서도 알 수 없는 소외감을 느꼈다. 그들이 꿈꾸고 있는 지도자는 실제 예수가 아닌 자신들이 머릿속에서 그려 낸 욕망의 투사물에 불과했기 때문이었다. 예수는 사람들의 욕망이 배설해내는 지도자의 틀 속에 자신을 맞출 생각이 없었다. 예수는 사람들이 자신을 있는 그대로 바라보고, 평가하고, 경청하기를 원했다. 무엇보다 예수는 사람과의 대화를 원했다. 서로 이해하고, 공감하는 진정한 관계를 원했다.

예수에게는 주위 사람들의 이런 환호성과 칭송이 전혀 달갑지 않았다. 그들은 예수를 제대로 알지 못했다. 서로의 마음을 나누기에는 너무 먼 거리에 있었다. 모두 자신의 갈증과 결핍을 메시아라는 허상에 투사했다. 그 지지는 자신의 환상에 대한 열광이었지 예수 자신에 대한 지지가 아니었다. 이 순간이 예수를 더 외롭게 만들었다. 이때 예수에게 떠오르는 장소가 있었다. 베다니! 베다니에는 예수를 진정으로 이해할 수 있는 친구들이 기다리고 있다.

유대 지도자들을 피해서 요단강 건너편으로 도피할 때만 해도 제자들은 당장 살아남아야 한다는 절박한 심정이었다. 그러나 나사로가 살아난 사건 후로는 상황이 많이 달라졌다. 은연중에 예수가 로마의 압제에서 해방시켜 줄 정치인이나 독립군 사령관이 될 것이라는 기대가 생겼다. 유대인들의 전폭적인 지지를 등에 업은 예수는 더 이상 단순한 선생님이나 예언자가 아니었다. 유대인들이 수백 년 동안 기다려 왔던 다윗 왕과 같은 위대한 통치자가 될 인물 같았다.

제자들은 참다운 사람을 만났다는 순수한 마음에서 예수를 따랐다. 이제는 잘하면 출세할 수도 있겠다는 기대가 마음 한편에서 올라오기 시작했다. 예수의 정치적 위상이 급상승한 만큼 동행하는 제자들의 위치도 달라졌다. 여기저기서 예수를 만나게 해달라는 청탁이 쇄도했다. 평소에 연락이 없던 친구들도 찾아와서 선물을 내밀며 눈도장을 찍었다. 제자들은 뭔가 모를 흥분에 사로잡혔다. 이제 그들은 조금이라도 예수 옆에 가까이 앉고 싶어서 혈안이 되었다.

나사로와 그의 여동생들은 예수를 저녁 식사에 초대했다. 이날 초대받은 손님들은 모두 대선후보 후원의 밤에 참석하는 느낌을 받았다. 예수와 나사로 가족의 마음과 상관없이 주변 상황이 그렇게 돌아가고 있었기 때문이다. 참석자들은 하나같이 자신을 특별한 존재로 생각했고, 그날의 좌석 배치에 따라서 예수의 정권 획득 후 논공행상이 벌어질 것이라는 분위기가 있었다. 차기 권력의 핵심부라고 할 수 있는 나사로의 집은 열띤 흥분, 기대, 열정으로 불타고 있었다. 하지만 정작 이날의 주인공 예수는 알 수 없는 무기력, 우울함, 외로움에 빠져들고 있었다.

나사로는 저녁 식사를 주최한 주최자로서의 소임을 충실히 수행했다. 초대받은 사람들에게 인사를 하고, 서로 인사를 시켜 주고, 그들의 질문에 성심성의껏 대답해주었다. 나사로의 존재 때문에 저녁 만찬은 활기를 띠었고, 분위기는 한껏 고무되었다. 식탁에 음식이 떨어지기가 무섭게 마르다는 시종을 시켜서 음식을 재빨리 채워두도록 지시했다. 행사 전체를 실질적으로 관리하는 매니저로서 한 치의 소홀함도 없었다. 그녀의 타고난 수완은 준비한 음식의 분량이 적절했다는 데서 더 빛났다. 친화력 있고 매력적인 호스트와 깔끔하고 사려 깊은 매니저가 준비한 저녁 테이블에 모두 유쾌하고 즐거웠다.

그런데 마리아의 모습이 보이지 않았다. 사람들이 마리아는 어디 있냐며 물었다. 예수는 따로 묻지 않았지만, 마리아가 어디 있는지 둘러보고 있었다. 마리아는 어디에 있었을까? 파티의 왁자지껄한 소음이 가라앉아 어색한 정적이 흐른 순간 마리아가 등장했다. 그녀는 한쪽에서 조심스럽게 다가왔다. 그녀의 손에 들린 진귀한 향유 한 병이 모두의 시선을 사로잡았다. 향유 병은 그녀의 손에서 영롱하게 빛나고 있었다.

사람들은 그녀가 무슨 행동을 하는 것인지 궁금했다. 그녀는 예수의 발아래 무릎을 꿇었다. 마리아의 움직임에는 따스한 관심, 공감, 동정, 아픔 같은 것이 배어있었다. 그녀는 결코 서두르는 법이 없었다. 거룩한 예식을 거행하는 듯이 천천히 움직였다. 예수의 발아래 대야를 받쳤다. 향유의 병뚜껑을 조심스럽게 개봉했다. 병을 기울이자 향기로운 액체가 예수의 발 위로 천천히 흘러내렸다. 이 신비스러운 액체가 촉촉이 발등을 감싸고 발바닥을 거쳐 대야에 떨어졌다. 향유가 흘러내리는 순간 마리아의 눈에도 촉촉한 눈물이 고였다. 그 눈물은 향유처럼 뚝뚝 떨어져 흘러내렸다.

향유가 예수의 발에 닿은 순간, 예수는 그 찬 기운에 움찔했다. 하지만 몇 초 뒤 그 느낌은 신선함으로 바뀌었다. 그것은 신기한 개운함이었다. 감미로운 향기가 예수의 코를 만지작거렸다. 향유는 부드러운 촉감과 향기로 예수의 감각을 열었다. 온몸의 감각이 속속들이 열리자, 답답하게 굳어진 예수의 마음도 열렸다. 향유의 따스함이 예수를 감쌌다. 예수의 마음에서 새로운 박동이 뛰기 시작했다. 우울하고 쓸쓸하던 예수의 가슴에 새로운 기지개가 켜지는 듯했다.

마리아는 향유를 붓기 전부터 알고 있었다. 베다니를 찾은 예수는 환호하는 군중에 둘러싸여 있었지만, 그의 몸과 마음은 지칠 대로 지쳐 있었다는 것을 말이다. 그녀는 예수의 눈빛에서 그의 외로움, 슬픔, 절망, 우울함을 읽어 냈다. 그녀는 그의 마음에 공감하는 것을 언어로 표현하기 싫었다. 그런 표현은 어쩌면 그녀의 분수를 넘어서는 일이었는지도 모른다. 그런 말을 꺼내기에 그의 소명은 너무 깊고 비밀스러웠기 때문이다. 그녀가 할 수 있는 것이라고는 그녀의 혼수가 될 전 재산을 처분해서 향유 한 병을 사는 것이었다. 나사로 오빠에게 부탁했다. 향유를 사달라고 말이다. 오빠는 의미심장한 미소만 지었다. 왜 이렇게 값비싼 향유를 사는지 묻지 않았다. 오빠는 동생의 행동에 불가해한 의미가 있을 거라고 생각했다. 그는 그녀의 사려 깊은 마음을 믿었다. 오빠로부터 향유를 건네받은 순간 그녀는 예수를 떠올리면서 기뻤다. 그녀가 예수를 위해서 해줄 수 있는 유일한 일이 준비되었기 때문이다.

마리아는 저녁 식사의 흥겨운 분위기에 취하고 싶지 않았다. 예수의 슬픔, 외로움, 우울함이 끊임없는 부담감으로 그녀의 마음을 억눌렀다. 그녀에게는 예수만을 위해서 깊이 애도할 수 있는 시간이 필요했다. 예수만이 아는 길, 그녀가 이해할 수 없는 길, 언젠가는 헤어져야 할 길이 앞에 기다린다는 생각이 들었다. 모두 손뼉 치는 순간 단 한 사람이라도 예수를 위해 슬퍼해 줘야 했다. 그 마음에 이끌려서 그녀는 향유 병을 들고 파티장에 들어섰다.

예수의 발 위에 떨어진 향유의 향기는 이제 연회장을 가득 메웠다. 향유가 예수의 발아래 쏟아진 순간 그녀는 거대한 희열을 느꼈다. 그 향유가 예수의 몸에서 가슴으로 촉촉이 스며들고 있음을 체감했다. 예수의 외로움, 슬픔, 절망, 그림자가 향유의 따스함에 흡수되고, 가라앉고 있었다. 향유가 흐르는 만큼 그녀의 눈에도 눈물이 흘러내렸다. 그것은 예수의 아픔에 대한 깊은 공감의 표시였다. 그 눈물은 점차 감사와 희열의 눈물로 바뀌고 있었다.

이제는 마지막이다. 예수에게 그녀의 마음을 온전히 전할 마지막 기회였다. 그녀는 기다렸다는 듯이 자신의 탐스러운 머리를 풀어 내린다. 그 머리카락으로 예수의 발 위의 향유를 천천히 닦아내었다. 건조하고, 팍팍하던 예수의 발이 윤기 있고, 탄력 있는 피부로 변화되었다. 머리카락의 부드러움과 섬세함, 따스함이 발을 스쳤다. 마리아의 섬세한 배려와 따스함도 예수의 발을 타고 그의 가슴에 스며들었다. 마리아는 향유로, 머리카락으로 사랑이 무엇인지를 보여주었다. 예수는 늘 공감과 사랑을 몸소 실천하고 가르쳤다. 마리아로부터 공감받고, 사랑받는 예수는 행복했다. 이제까지는 공감하고 사랑하는 입장에서만 사느라 지쳤다. 그러나 오늘은 충분한 사랑과 따스한 공감이 예수의 마음을 적셔주는 특별한 날이었다.

그러나 가룟 유다는 마리아의 행동이 못마땅했다. 향유병만 보아도 거액이 소비되었음을 알 수 있었다. 돈이 예수의 발에 허비되는 상황을 견딜 수 없었다.

"정말 비싼 향유군요. 그 돈이면 정말 많은 사람을 도와줄 수 있어요. 향유를 쏟아버리다니! 이건 아닌 것 같아요." 유다는 마리아를 나무랐다.

"마리아를 나무라지 마세요. 그녀는 저와의 이별을 준비한 거니까요. 여러분의 도움이 필요한 사람들은 늘 함께 있습니다. 하지만 지금은 저와의 이별을 진심으로 준비해야 할 시기입니다. 그래서 오늘은 제게도 특별한 날 같습니다." 예수가 말했다. 예수는 가룟 유다의 말에 동의할 수 없었다. 예수는 마리아의 위로에 정말 감사했다.

예수는 참다운 삶이 사랑하는 삶일 뿐만 아니라 사랑받는 삶이라는 것을 몸소 보여주었다. 사랑과 위로는 주고받는 것이다. 예수가 마리아로부터 전폭적인 이해와 수용, 격려와 지지를 경험하지 못했다면 예수의 삶은 어떠했을까? 주기만 하는 삶을 살면서 예수는 점점 더 우울해졌을지도 모른다. 하지만 마리아는 예수에게 사랑과 위로를 베풀었다. 그래서 마리아와 예수의 만남은 아름다운 향유 냄새로 가득하게 되었다. 서로 공명하는 마음은 투명한 향유 병이 되어 반짝였다. 부드럽고 촉촉한 향유는 함께 한 모든 이들의 마음에까지 퍼져나갔다. 예수와의 만남은 각별하다. 그 속에는 향기와 눈물이 있기 때문이다.

자전거를 탄 지도자

(요 12:12-19)

유월절이 다가오자 예루살렘은 북적거렸다. 만나는 사람마다 예수라는 청년에 대해 이야기했다. 나사렛 출신의 목수가 베다니에서 나사로를 살려냈다는 사실은 이슈의 중심이 되었다. 출신과 교육을 중시하던 유대인들이지만 이번만은 그 문제를 뛰어넘은 듯했다. 로마 총독이 정치 권력을 과시하고, 유대 종교지도자들이 종교 권력을 분점하는 상황에서 하나님에 대한 신앙은 하나의 의례적 관습, 문화, 전통으로 전락했다. 하지만 이 예수라는 청년은 하나님에 대한 신앙을 생생한 삶의 경험으로 바꿔놓았다. 그를 무시해온 사람들조차 그의 진정성과 생명력, 열정과 진실에 대해서는 뭐라고 할 말이 없었다.

여론의 힘은 무서웠다. 얼마 전 예루살렘 성전 앞에서 간통한 여인을 풀어주었을 때만 해도, 예루살렘 민심은 예수에 대해서 적대적이었다. 비록 유대 종교지도자들의 선동으로 인한 것이었지만 이 위험한 청년을 체포해서 처단해야 한다는 여론이 일어나고 있었다. 하지만 베다니에서 죽은 지 나흘이나 된 나사로를 살린 사건이 예루살렘에까지 전해지자 여론의 흐름은 뒤집혔다. 예수를 비난하던 사람들도 이 사람이 누군지 고민하기 시작했다. 대중들은 그 이야기만 듣고, 예수에 대한 지지로 가볍게 돌아섰다. 모두 예수를 칭송하는 분위기에 사로잡혀 예수를 지지하는 발언은 유례없이 많아졌다. 오히려 예수를 비판하던 목소리가 예수를 추종하는 분위기에 묻혀 버렸다.

이런 여론의 흐름은 제자들의 생각도 바꿔놓았다. 자신들이 비주류 위험집단으로 전락했다고 한탄하던 제자들이 새로운 정권을 창출할 수 있다는 기대로 가슴이 뛰기 시작한 것이다. 제자들의 태도와 말에 이전과는 다른 힘이 실렸다. 이런 여론의 움직임에 유대 종교지도자들은 더 깊은 두려움에 휩싸였다. 예수의 권력이 커질수록 자신들의 장래는 어두워 보였기 때문이다.

그런데 예수는 이런 여론의 변화에 전혀 아랑곳하지 않는 듯했다. 그는 자신만의 길을 걷고 있었다. 예수가 유월절에 예루살렘으로 입성한다는 소문이 전해지자 사람들은 예수를 환영할 준비에 여념이 없었다. 그들은 새로운 왕, 정치 지도자, 장군을 직접 보면서 환호하고 싶었다. 빨리 그분이 예루살렘에 입성할 날만 손꼽아 기다렸다.

예수가 보통의 유대 혁명가였다면, 이런 분위기에 한껏

들떠서 이 흐름을 정치적 목적을 달성하는 기회로 삼았을 것이다. 그런데 예수의 행동에는 자신만의 흐름과 태도가 있었다. 그 행동이 주위 사람들에게는 이상하게 보였다. 제자들이 볼 때, 지금 예수에게 필요한 것은 유대의 최고 지도자였던 다윗왕의 이미지를 구축하는 것이었다. 군대를 이끄는 총사령관과 같은 리더로 등극해야 하는 타이밍이었다. 강력한 힘과 권력을 지닌 장군으로 자신을 포장해야 했다. 이를 위해서 개선장군처럼 말을 타고 성에 입성하는 장면을 연출할 필요가 있었다. 건강하고, 육중하며, 압도적인 말 위에서 군대의 선봉이 되어 군사들을 이끌 수 있는 지도자로 보여야 했다. 힘 있는 이미지에 많은 이들이 사로잡힐 터였다. 그런데 예수는 전혀 다른 선택을 한다. 말이 아니라 어린 나귀에 올라타겠다고 한 것이다. 대통령이 검은색 리무진 대신 자전거를 타고 군대를 사열하겠다고 나서는 꼴이었다. 어린 나귀에 오른 사건은 모두를 실망하게 한 커다란 스캔들이었다.

예수는 애초부터 유대인들의 힘을 모아서 로마를 축출하고, 현재의 지배층들을 갈아엎겠다는 생각을 갖고 있지 않았다. 예수는 오로지 내면에서 하나님과 동행하며 진리를 따르고 실현하는 걸음을 걷고자 했다. 그런 여정에서 놀라운 기적이 일어나기도 하고, 박해를 받기도 했다. 예수는 자신의 진리를 포기하면서 타인의 입맛에 맞출 생각이 없었기에 늘 박해를 받았다. 대단한 인기와 지지가 보장된 이 순간에도, 대중의 기대와 바람에 맞출 생각은 추호도 없었다. 예수의 지도력은 권력으로 주변을 호령하며, 폭력으로 사회를 뒤집어엎는 것이 아니었다. 그의 지도력은 어린 나귀를 타고 주변의 사람들과 대화하고 공감하는 평범한 삶의 양식에 불과했다.

'저는 폭력으로 이 땅을 지배하는 지도자가 아닙니다. 저 자신의 허영을 충족시키기 위해서 백성들을 이용하고 싶지 않습니다. 저는 여러분의 연약함, 아픔, 상처에 공감하고자 합니다. 어린 나귀처럼 낮은 자리에 앉도록 하겠습니다. 저와 대화를 나누도록 해요. 우리가 함께 아파하고, 공감하는 순간 이 땅에 정의가 이뤄질 것입니다.' 어린 나귀에 앉은 모습만으로도 예수는 강력한 메시지를 전하고 있었다.

사람들은 정치 지도자들에게 자신들의 상처와 결핍을 투사한다. 그래서 지도자가 자신의 메시아가 되어 모든 문제를 해결해주기를 원한다. 하지만 예수는 정치의 시작이 대화와 공감, 낮은 곳에서 함께 바라보는 시각에서 시작된다고 역설한다. 예수는 폭력을 통한 혁명을 거부했다. 그런 혁명은 또 다른 폭력과 상처를 낳을 따름이었기 때문이다. 어린 나귀에 앉아 예루살렘을 행진하는 예수는 너무도 낯설었다. 말 위에서 금빛 갑옷과 투구를 쓰고 칼을 휘두르면서 행진하던 사령관을 기대하던 사람들은 그 소박함에 깜짝 놀랐다. 예수는 따스함, 편안함, 자연스러움, 겸손함이 진실한 지도자의 길임을 온몸으로 보여주고 있었다. 우리는 예수를 보면서 마음을 열어 대화하고, 아픔에 공감하는 지도자를 기대하게 된다. 전 세계가 참된 지도자의 부재로 신음하고 있다. 예수는 지금도 이 시대의 지도자들에게 이웃의 아픔에 공감하라고 말하고 있다. 그렇게 공감하는 마음에서 참다운 정치가 시작된다고 말이다.

동상이몽
(요 12:20-50)

유월절이 다가오자 예루살렘은 수많은 인파로 북적거렸다. 그리스에서 온 유대인들은 단연 눈에 띄었다. 세련된 문화에서 교육받은 지적인 외모에 경제적 풍요를 과시하듯이 자줏빛 옷으로 단장하고 있었다. 이들은 세련된 코스모폴리탄이었다. 이들도 예수에게 관심을 갖기 시작했다. 재력과 지성을 겸비한 엘리트 그룹들의 움직임도 심상치 않았다. 지중해의 지도층들조차 예수의 영향력에 주목하기 시작했다. 예수가 지금 이들을 만나서 의기투합한다면 상당한 정치적, 경제적 지원을 확보할 수 있을 것이다. 빌립은 그리스 유대인들의 관심에 흥분해서 안드레에게 예수와의 만남을 주선하자고 제안했다. 이들의 후원이라면 지금처럼 구차한 삶에서 벗어나서 새로운 권력과 지위에 맞는 생활을 할 수 있을 것 같았다.

갑자기 자신들을 찾아오는 유력자들의 방문은 제자들을 흥분시키기에 충분했다. 거지, 병자, 과부만 상대하다가 세련된 지성인과 부유층들이 찾아오니 스스로 중요한 인물이 된 것만 같았다. 제자들은 자신들의 지위와 신분이 하루아침에 높아졌다는 것을 실감했다. 그래서 예수가 이런 영향력 있는 인물과 만나도록 주선하고 싶었다.

하지만 예수는 이런 거창한 접견에는 관심이 없었다. 예수는 유력자들을 만나보자는 제자들의 제안에 묵묵부답이었다. 제자들의 말을 무시한 것일까? 잘 들여다보면, 예수는 이런 제안을 무시했다기보다 전혀 관심을 두지 않았던 것 같다. 예수는 다른 심각한 고민에 빠져 있었기 때문이다.

"저는 인간이 어떻게 자기 중심성에서 벗어날 수 있을지 고민합니다. 자신의 껍질을 뒤집어쓰고 있는 한 다른 사람과 참다운 관계를 맺을 수 없기 때문입니다. 평생 고립된 채로 자기 안에 갇힌 인생을 살게 됩니다. 하지만 자기 자신의 편견과 고집, 틀과 관점을 내려놓고 사람을 만나고 사물을 바라보면 새로운 세계가 열립니다. 자신의 마음을 내려놓아야 새로운 차원의 세계가 나타납니다. 새로운 만남과 경험이 시작되고, 더 깊은 관계 속으로 들어가게 되지요.

제 이야기를 마음을 열고, 있는 그대로 들어보세요. 마음으로 받아들이면, 새로운 삶을 경험하게 될 거예요. 저는 여러분이 저와 같은 경험을 하게 되길 원합니다. 하나님을 경험하고, 그 만남 때문에 이웃에게도 마음을 나눌 수 있게 될 겁니다.

저도 자기에 집착하는 마음 때문에 힘들기는 마찬가지입니다. 제 몸과 마음을 먼저 보호하고 싶거든요. 이기적이고 자기중심적인 삶을 넘어 자신을 내려놓는 선택이 제게도 쉽지만은 않습니다. 하지만 마음 깊은 곳에서 이 길을 걸으라는 음성이 들려옵니다. 이 발걸음 속에서 하나님을 경험하게 되고, 이웃과 함께 풍요로운 삶을 살 수 있을 겁니다." 예수가 말했다. 그 순간 하늘이 요동쳤다. 마치 하나님이 예수에게 이렇게 응답하신 것처럼 보였다. '너는 지금까지 하나님의 선함, 따스함, 풍요로움을 아름답게 드러냈단다. 내가 너를 지지하고 있다.'

"여러분은 제가 들은 음성을 들으셨나요? 우리의 삶 속에서 하나님의 아름다움이 드러나게 될 것이라는 확신이 필요합니다. 이런 삶을 살다 보면, 수많은 역경에 부딪히지요. 사회의 구조적인 악에 절망하게 되기도 하고, 자기확신에 빠져 대화가 불가능한 사람을 만나기도 합니다. 저는 곧 여러분을 떠나게 될 것입니다. 그래도 여러분들의 마음은 하나로 모아질 것입니다. 진리는 결국 승리합니다." 예수는 말한다.

예수는 자신이 서서히 죽음의 길에 들어서고 있음을 느꼈다. 그리고 제자들이 이 비극적인 사건 때문에 충격받지 않도록 그들의 마음을 준비시키고자 했다. 하지만 사람들은 예수의 말을 그대로 받아들일 수 없었다.

"저희는 이스라엘의 위대한 지도자는 죽지 않는다고 알고 있습니다. 그런데 당신은 마치 곧 죽기라도 할 것처럼 말씀하시네요. 당신은 우리의 지도자입니다. 죽음보다 승리와 희망을 말하면서 용기를 줘야 하지 않나요?" 누군가 질문했다.

"저는 여러분이 마음을 열고, 정직하고 진실한 태도로 인생을 살았으면 좋겠습니다. 열등감, 그림자, 트라우마가 여러분의 인생을 파멸하지 못하도록 하세요. 이런 아픔에 얽매이면, 자신의 의도와 상관없이 이상한 행동을 하게 됩니다. 자기 자신의 마음을 정직하게 바라보세요. 그리고 모든 것을 있는 그대로 보려고 노력하세요. 진실한 마음으로 자신, 이웃과 사건을 있는 그대로 바라보세요. 이런 진실한 눈을 가진 사람은 저와 같은 길을 걷는 사람입니다." 예수는 대답했다.

사람들은 성공과 인기를 얻으면 변하기 마련이다. 모두 그를 떠받들고, 자만심을 부추기는 말을 하기 때문이다. 이전과는 다른 부유하고 힘 있는 사람들과 만나다 보면 그런 변화는 오히려 당연하게 보인다. 성공한 옛 친구에게서 예전의 소박함과 단순함을 찾기는 어려운 일이다. 성공과 함께 더욱 자기중심적으로 변하고, 자만심에 사로잡혀 버리기 때문이다. 그런데 예수에게는 성공과 인기조차 건드릴 수 없는 내면의 중심이 있었다. 예수는 소음 속에서도 자신을 성찰하는 놀라운 성숙함을 보였다. 제자들이 예수의 정치적 영향력을 확대할 전략을 짜는 동안, 예수는 자기 중심성을 극복할 방법을 고민했다. 그의 관심은 오로지 참다운 삶을 사는 데 있었다. 인생 여정 곳곳에 현란한 유혹이 넘쳐나도 예수는 자신이 정한 이정표에서 벗어날 생각이 없었다.

주변 사람들이 피상적인 흥분으로 들뜰수록 예수는 본질에 더 집중했다. 그는 내면에 깊이 자리 잡은 하나님의 소명에 집중한다. 그 소명에 몰입할수록 권력을 향유하는 장밋빛 그림이 아닌 십자가와 죽음이 떠올랐다. 내면의 깊은 음성은 그에게 다윗의 왕좌를 보여주지 않고, 불편하고 고통스러운 십자가로 인도하고 있었다.

하지만 제자들은 성공과 인기에 도취되고 말았다. 그래서 예수의 이야기가 더 이상하고 어색하게 들렸다. 갑자기 예수가 세상 물정 모르는 완고한 시골 청년처럼 보이기 시작했다. 세상이 이렇게 변했는데 내면의 진실, 참다운 진리만 말하는 예수가 한심스러워 보였다. 자신의 말한마디면 온 유대와 갈릴리의 사내들이 혁명에 동참할 것이 분명한 분기점이었다. 예수는 그같은 열기에는 아랑곳하지 않고 한가하게 내면의 이야기를 늘어놓고 있었다.

예수는 스스로 혁명의 열기에 찬물을 끼얹었다. 예수가 생각하는 혁명은 총과 칼을 든 혁명이 아니었다. 그는 하나님과의 공감, 이웃과의 공감에서 일어나는 혁명을 원했다. 사람들이 모두 혁명은 끝났다고 믿은 순간 예수는 혁명을 위한 한 알의 씨앗을 조용히 싹 틔우고 있었다. 그것은 예수의 내면에서 시작되고 있었다.

절망 속의 빛

(요 13:1-20)

　제자들과 예수는 힘든 3년의 여정을 함께 걸었다. 서로 이해할 수 없는 순간도 있었다. 서로 말 못 할 사연도 있었다. 그래도 서로 같은 방향을 향한다는 공감대만은 변치 않았다. 하지만 예기치 않은 성공은 그들의 관계에 짙은 그림자를 드리웠다. 제자들은 예수의 이런 행동을 이해하지 못했지만, 예수와 함께하고 싶은 마음은 변함없었다. 예수를 왕과 장군으로 만들어 유대민족을 해방하겠다는 그들의 열망이 예수와 제자 사이에 커다란 균열을 일으켰다. 예수를 제거하려는 유대 지도자들의 시도 앞에서도 예수의 마음은 이렇게까지 괴롭지 않았다. 하지만 함께 먹고, 자고, 걷고, 울고, 웃던 제자들이 예수가 가는 길에서 멀어지자 예수의 절망은 깊어졌다. 예수가 차분하게 자신의 길을 설명해도 제자들은 도저히 이해하려고 하지 않았다.

　둘도 없이 가깝다고 생각했던 친구가 나와 전혀 다른

세계를 살고 있다고 느껴지는 순간이 있다. 이미 나와 너무 다른 생각을 품고 있는 친구에게 어떻게 다가가야 할까? 가치관과 세계관의 벽이 너무 크게 느껴지곤 한다. 예수는 이 문제를 전혀 다른 방식으로 접근했다. 제자들의 발을 씻겨 주기로 한 것이다. 발은 우리의 삶을 지탱하는 현실이다. 먼지가 쌓이고, 냄새가 나고, 크고 작은 상처들로 가득 차 있는 발은 보여주고 싶지 않은 은밀한 곳이다. 예수는 제자들과 생각을 나눌 수 없었다. 그러나 그들의 발을 품고자 했다. 예수는 제자들의 발을 바라보고, 씻어주고, 닦아주면서 분리되고, 소외된 관계가 회복되리라 믿었다.

제자들은 이 상황이 민망했다. 장안의 최고 스타가 상석에서 열띤 찬사를 받아야 하는데 수건을 두르고 발을 씻겨 주겠단다. 제자들도 예수와의 사이에 뭔가 알 수 없는 긴장이 흐르고 있는 것을 감지했다. 자신들의 뜻대로 움직이지 않는 예수가 불만스러웠고, 예수의 얼굴에 짙게 드리운 슬픈 그림자가 눈에 띄었기 때문이다. 이제는 그분이 자신들의 발을 씻겠다고 나섰다. 당황스럽고, 불편했다. 왜 일부러 이런 일을 벌이는 것일까?

누구보다 불편한 것은 베드로였다. 예수를 위해서라면 어떤 불편함도 감수할 용의가 있었다. 그런데 누가 뭐래도 스승이 제자의 발을 씻는 것은 너무 맞지 않는 일처럼 느껴졌다. 예수는 이미 자리에서 일어나서 대야를 옮겨가며 제자들 한 명 한 명의 발을 씻어주기 시작한다. 이제 베드로에게로 다가왔다. 베드로는 스승 예수에게 발을 맡긴다는 것이 너무도 불편했다. 그것은 상식에서 벗어난 것이었다. 무엇보다 베드로는 이 행동을 이해할 수 없었다. 예수가 그런 행동을 하더라도 자신은 이를 용납할 생각이 없었다.

"선생님, 정말로 제 발을 씻을 작정이세요?" 베드로는 당황스러운 듯이 물었다.

"베드로, 지금은 내 행동이 이해되지 않겠지요. 하지만 시간이 흐르면 제 마음을 알게 될 거예요." 예수가 대답했다.

"절대로 제 발을 씻을 수 없어요. 저는 이런 상황을 도저히 받아들일 수 없어요." 베드로는 거의 울먹이다시피 소리쳤다.

"계속 발을 씻지 않겠다고 우길 작정인가요? 그러면 당신과 나 사이에 큰 거리가 생기게 될 거예요" 예수는 담담히 말했다.

"스승님, 그렇다면, 제 발뿐만 아니라 제 손도 씻어주세요. 선생님과 가까워질 수 있다면 머리도 씻고 싶어요. 저는 최근에 선생님과 멀어진 것 같은 느낌이에요. 이해되지 않는 점이 너무 많았거든요." 당황한 베드로는 자신도 모르게 말했다.

"우리가 처음 만났을 때를 기억하나요? 당신은 당신의 삶을 내게 걸었지요. 저는 그날을 지금도 기억해요. 그 후로 우리는 서로의 이야기에 귀 기울였어요. 서로의 아픔, 기쁨, 즐거움, 좌절을 함께 느끼며 공감했어요. 하지만 살다 보면 관계가 소원해질 때가 있고, 오해가 쌓이기도 해요. 그렇다고 우리의 관계를 온몸을 목욕하듯이 처음부터 시작할 필요는 없어요. 최근 우리의 관계에 자그마한 먹구름이 끼었잖아요? 서로 단절된 것 같은 느낌을 없애고 싶어요. 그래서 당신의 발을 손으로 만지면서 씻어주고 싶어요. 이제 제 마음도 가벼워지는 것 같아요. 우리 사이에 묵혀있던 오해와 어색함이 풀린 듯해서 말이에요. 하지만 저와 당신들 모두와 하나가 된 것은 아닌 것 같아요. 그래서 마음이 아프기도 해요." 예수가 말했다.

"제 말을 좀 이해하겠어요? 위에 있는 사람이 먼저 마음을 열고 손을 내밀어야 해요. 저는 당신들의 스승이지만 먼저 발을 씻겼듯이 당신들도 먼저 마음을 열고 다가가세요. 지도자, 선배, 윗사람은 아랫사람이 먼저 다가와서 굽실거리기를 기다리는 자리가 아니에요. 먼저 무릎을 꿇고, 이야기를 경청하고, 자신을 열어 보여주는 자리이기 때문이지요." 예수는 말을 이어갔다.

제자들의 마음이 열렸다. 자신들이 VIP가 되었다는 환상에 빠져서 주위 사람들과 따스한 관계를 맺는 것을 잠시 잊었었다. 예수와 함께 하는 생활은 육체적으로 고달팠다. 하지만 예수와 함께 있으면 마음이 따뜻해졌고, 인간답게 사는 것이 무엇인지 느껴졌다. 무엇보다 예수라는 사람 자체가 좋았다. 그는 격의 없이 편안하게 제자들과 어울렸고, 항상 제자들의 이야기에 귀 기울여주고 공감해주는 분이었기 때문이다.

제자들은 잠시 사람들의 인기와 환호에 자신들이 미혹되었다는 사실을 깨달았다. 예수가 몸소 살아낸 지도력은 수건을 허리에 두르고, 제자들의 발을 씻기는 겸손하고 소박한 삶이었다. 제자들이 예수의 모습을 바라보면서 자신들이 왜 삼 년 동안, 이 나사렛 목수를 따라다녔는지 기억이 되살아났다. 예수가 기적을 만들어 내서일까? 지혜로운 스승이나 정의로운 예언자이어서일까? 아니었다! 예수가 좋아서였다. 그와 함께 있으면 마음에 위로와 공감을 얻었다. 무엇보다 그분은 제자들에게 참된 사랑이 무엇인지를 삶으로 보여주었다. 제자들은 자신들이 예수 같은 겸손한 지도자가 되고 싶었었다는 사실을 떠올렸다. 이런 삶은 유대인들이 기대하고 환호하는 메시아의 모습과는 거리가 있었다. 예수의 따스한 손길이 자신의 발을 감싸는 순간 제자들의 마음에 잊혔던 예수의 모습이 가슴에 떠올랐다.

　예수는 정말 좋은 스승이다. 대화와 배움이 중단된 순간에도 자신이 먼저 마음을 열고 제자들을 찾아왔다. 제자들은 예수의 그 겸손한 모습에서 감동했고, 참 진리를 배웠다. 그래서 예수가 더 좋아졌다. 어색하게 시작되었던 저녁 식탁에 따스하고, 충만한 분위기가 감싸고 있었다. 제자들은 예수 같은 지도자가 되겠다고 다짐했다. 무엇보다 예수처럼 따뜻한 사람이 되고 싶었다.

배반의 그늘

(요 13:21-30)

예수에게는 사람을 보는 눈이 있었다. 예수에게는 늘 제자들의 이야기에 귀를 기울이는 친절함이 있었다. 제자들의 내면에 깃들여 있는 독특한 매력, 재능과 가능성을 알아보았다. 예수와 눈을 맞춘 사람들은 그 깊은 눈동자에 빨려 들어가곤 했다. 마음과 마음이 공명을 이루기를 예수가 원했기 때문일 것이다. 하지만 마음을 닫고, 편견에 뭉쳐서 예수에게 접근하는 사람들을 만나면 깊은 안타까움과 좌절감을 느끼게 되었다.

예수는 사람들이 피상적이고 형식적인 관계에 머물러 있는 것에 답답함을 느꼈다. 얄팍한 인간관계를 당연시하는 문화에 반기를 들었다. 예수는 사람들이 특별한 의미를 결여한 채 그냥 스치고 지나가는 현실을 그대로 받아들일 수 없었다. 이 나사렛 청년은 늘 진실한 관계만을 원했다. 만나는 사람들과 더 깊고, 친밀하며, 따스한 관계를 만들고자 했다. 그래서 대중을 상대로 설교하며 사역하는 것보다는 작은 그룹과 깊이 있는 대화를 나누는 것을 즐거워했다. 많은 사람을 상대하고 나면 반드시 한적인 곳에서 자신만의 시간을 가져야 했다. 그런 자신만의 시간이 없으면, 자신의 존재가 거대한 물결에 휩쓸려가 버릴 것 같았기 때문이다. 예수는 대화 나누는 걸 좋았지만 대중을 상대하는 것은 지치는 일이었다.

그런 예수도 관계의 실패를 경험했다. 제자 유다는 언제나 영리한 눈을 반짝였다. 여러 사람이 함께 생활하다 보면 누군가는 경리를 맡아야 한다. 돈을 수금하고 계산하는 것이 전문이었던 세관원 출신 마태가 있기는 했다. 하지만 경리 업무는 유다에게 맡겨졌다. 그는 매사에 정확했고, 신속했고, 융통성이 있었기 때문이다. 순수하고 단순한 제자들에게 돈 관리는 불편하고, 까다롭고, 신경 쓰이는 일이었다. 이렇게 살림을 도맡아 주는 유다가 고마웠다.

유다는 계산이 빨랐다. 모인 사람들의 인원수만 보아도 식비로 얼마가 소요될지 추산할 수 있었고, 모임에서 오간 대화 몇 마디에서 사람들의 역학 관계를 읽어 낼 수 있었다. 그가 처음 예수를 따른다고 했을 때, 주변 사람들은 이상하게 생각했다. 재리에 밝고, 현실 정치에 눈이 열린 유다와 나사렛 예수는 어울리지 않아 보였기 때문이다. 권력과 돈에 끌리는 유다가 비주류 예언자 무리에 합류한 것은 의외였다.

유다는 예수에게서 남들이 보지 못하는 독특한 가능성을 보았다. 당시 유대는 사회적 적폐들이 쌓여 신음하고 있었다. 로마의 식민지가 된 팔레스타인 땅에 사는 유대인들에게는 하나님의 심판을 받아 이방 민족에게 지배받는다는 서러움이 있었다. 그들의 마음속에는 언젠가는 하나님의 이름으로 독립을 쟁취할 것이라는 기대가 있었다.

종교 지도자들은 로마와 결탁해서 권력과 부를 거머쥐고 있었다. 그들은 성전과 제사라는 유대교 신앙의 형식과 명분을 내세우면서 자신들의 경제적 이득과 지위를 유지하는 데 혈안이 되어있었다. 그들은 로마 제국과 공존하기 위해 적절히 타협하면서 자신들의 이권을 유지하고 있었다. 바리새인들은 토라에 충실하게 종교를 삶의 구체적인 규범으로 실천하고자 했다. 이렇게 여러 정치 집단이 얽히고설켜 있는 곳이 유대 지방이었다. 유대 사회는 내부적으로는 알 수 없는 답답함, 불합리, 불의, 혼돈, 분열이 깊게 자리 잡고 있었다. 이런 문제는 해결될 기미가 보이지 않았다.

유다는 이런 문제가 사소한 개선으로는 도저히 해결되지 않으리라 생각했다. 기존의 유대 엘리트로는 유대 사회가 혁신될 가능성도 없어 보였다. 그런 사람을 민중들이 지지할 리도 없었다. 하지만 평범한 민중 가운데서 제대로 된 리더가 등장하면, 수많은 사람이 그를 추종하고,

사회 혁명의 도화선이 되리라 생각했다. 그런데 그 앞에 예수가 등장했다. 그는 예수의 상품성을 알아보았다. 처음에는 사람들이 거절하고, 무시할지는 몰라도 그 사람됨과 지혜에 언젠가는 설득되리라는 생각이 들었다. 그는 이 저평가 우량주가 언젠가 적당한 시기와 장소를 만나면 그 진가를 인정받게 되리라 예상했다.

이제까지는 예수의 가치는 저평가를 넘어서 폭락했다. 예수를 따라다니다가 생명의 위협까지 받는 지경에도 이르렀으니 말이다. 하지만 나사로를 살린 이후로 정치 지형은 180도로 바뀠다. 어제까지 무시되던 예수가 이제는 최고의 대접을 받게 된 것이다. 유다는 바로 이 순간을 위해서 3년의 세월을 묵묵히 견뎌왔다. 유다는 쾌재를 불렀다. 역시 자신에게는 사람을 보는 눈이 있고, 정치판을 읽는 혜안이 있었음이 확인되는 순간이었다. 이제 예수가 깃발을 들어 올리면, 모든 사람이 결집할 것이다. 이렇게 혁명을 일으켜서 정권을 획득하면 될 일이었다. 유다는 이미 계산을 마쳤다. 정권 획득과 동시에 현재의 종교 지도자들을 축출하고, 예수를 중심으로 세력을 규합해서 로마로부터 독립을 얻어내는 것이다. 로마가 너무 세게 나오면, 현재의 지배층처럼 로마와 타협하고, 로마의 세력이 약화되면 독립 국가를 밀어붙이면 될 일이었다.

그런데 복병은 전혀 예상치 못한 곳에서 등장했다. 정

작 예수는 정권 획득, 혁명, 독립에는 조금도 관심이 없는 듯했다. 자신에게 찾아온 천우신조의 기회를 동네 닭 보듯이 무시했다. 제자들이 정치적 영향력을 확대하자고 간곡히 부탁해도 알 수 없는 이야기만 반복하고 있었다. 그래서 제자들의 마음도 예수에게서 조금씩 멀어지고 있었다. 유다에게 예수는 한심스러운 고집불통 철부지처럼 보였다. 현실과 정치에 대해서는 알지도 못하는 순수한 촌뜨기에 불과했다.

유다는 제자들과 한마음으로 새로운 권력을 창출하기 위한 준비를 했다. 하지만 저녁 식사에 등장한 예수는 파격적인 행동을 감행한다. 대야를 놓고, 수건을 허리에 두른 채 제자들의 발을 씻기는 것이었다. 그 행동은 예수에게서 돌아선 제자들의 마음을 다시 예수에게로 돌려놓았다. 그것도 아주 확실하게 말이다. 예수와 제자들 사이에 강력하게 형성되었던 이질감과 갈등이 발을 만져주는 예수의 따스한 손길에 녹아내렸다. 제자들과 예수 사이에 다시 새로운 공감대와 이해가 싹틀수록 유다의 머리가 복잡해졌다.

유다는 직감했다. 예수가 하자는 대로 하면, 예수뿐만 아니라 제자들도 유대 사회에서 숙청될 운명이었다. 예수는 유대 종교지도자들에게 위험요소였기 때문이다. 지금의 유대 백성의 지지를 활용해서 지금 당장 우월한 지위를 확보하지 못하면, 유대 지도층들이 먼저 예수를 제거하려 들 것이 분명했기 때문이다. 유다에게 예수와 제자들은 불꽃에 달려드는 불나방처럼 보였다. 제자들이 예수를 설득해내면 답이 보였을 것이다. 이제 분위기는 바꿔버렸다. 제자들이 예수에게 설득되었기 때문이다. 이제 예수를 따르는 그룹에게 남아있는 것은 숙청뿐이었다.

이제 유다에게 남아있는 선택지는 너무도 분명했다. 예수를 따라가서 개죽음을 당하느니 살길을 찾아야 했다. 이제까지 예수의 제자로 살았던 삼 년이 후회되었다. 그런데 그런 회한에 낙담하기에는 상황이 너무 급박했다. 지금 넋 놓고 있다 보면 목숨마저 위태로워질 수 있었기 때문이다. 종교지도자들은 예수의 인기에 잠시 뒤로 물러서 있을 뿐이지 이런 분위기가 가라앉으면, 어떤 죄목이든지 붙여서 예수를 죽이려고 들 것이다.

어제만 해도 권력자 막후의 실세가 되어 유대 지방에 자신의 뜻을 펼쳐보겠다는 꿈에 부풀었다. 그런데 예수는 이렇게 잘 차려진 밥상을 발로 차버렸다. 유다는 예수라는 인물이 권력, 돈과 같은 현실과 접촉하면서 끊임없이 변화하고, 타협하는 현실 정치인으로 변화를 거듭할 것이라고 믿었다. 그런데 예수는 그런 권력과 돈에는 정말로 관심이 없는 듯했다. 그는 자신의 진실에 따라 진리만을 추구하고자 했다. 이렇게 답답한 사람인지는 미처 알지 못했다.

유다는 살아남기 위해서 예수의 근거지와 움직임을 종교 지도자들에게 알려주기로 했다. 예수가 숙청되기 전에 종교 지도자들 편에 줄을 서기로 한 것이다. 자신이 예수의 제자이기는 했지만, 이제는 회심했다는 사실을 먼저 공식화하면 될 듯했다. 유다를 만난 종교 지도자들은 너무도 반가웠다. 어떻게 예수를 죽여야 할지, 체포해야 할지 답이 없었는데, 늘 예수와 붙어 다니던 제자 중 하나가 제 발로 찾아온 것이다. 그 제자가 예수의 동선만 확인해주면, 유대 군중들이 없는 곳에서 예수를 체포하면 간단히 해결될 것 같았다. 대제사장은 그의 마음이 바뀌기 전에 은화 30개를 주어 약속을 분명히 했다.

예수는 이미 유다의 마음에 나타나기 시작한 미묘한 변화를 읽고 있었다. 유다는 발을 씻길 때도 냉랭하게 마음을 닫고 있었다. 유다의 얼굴은 실망과 절망, 분노와 회한으로 가득 차 있었다. 저녁 식사 자리에서도 유다의 그 차가운 얼굴은 전혀 바뀌지 않았다.

"저는 여러분들과 함께 한 시간이 늘 행복했어요. 여러분들의 발을 씻기면서도 우리의 마음이 연결되는 것을 느꼈어요. 하지만 여러분 중에 한 사람은 아직도 마음을 열지 못하는군요. 그 사람은 저와 다른 길을 걷게 될 것입니다. 어쩌면 저를 종교 지도자들에게 넘겨줄지도 모르겠어요." 예수는 제자들에게 말했다. 제자들은 당황했다. 조급한 마음에 베드로는 요한에게 그게 누구인지 물어보라고 재촉한다.

"선생님, 도대체 우리 중에 누가 예수를 배반한다는 말인가요?" 요한은 물었다.

"저는 저를 배반하는 제자에게도 마음을 전하고 싶어요. 우리가 모두 함께 식탁에 앉아 친구가 된다면 좋았을 텐데. 저를 떠날 이에게 빵을 나눠줄게요." 예수가 말했다.

예수는 그 빵 조각을 유다에게 주었다. 유다는 빵을 받기 전부터 예수가 자신의 마음에서 벌어지는 변화를 모두 읽어 내고 있음을 감지하고 있었다. 그 빵은 발을 씻긴 예수의 화해의 몸짓이었다. 하지만 유다는 그 빵 한 조각을 받아먹고 싶은 생각도, 마음을 열고 싶은 생각도 없었다. 그 순간 유다는 선택을 했다. 인정에 얽매여 판단을 그르치고 싶지 않았다. 예수는 착하고 따스한 사람이다. 그러나 유다 자신의 장래를 의탁하기에는 너무도 유약하고, 순진해 보였다. 예수께 인생을 거느니 예수를 죽이고자 하는 종교 지도자들에게 베팅하는 것이 안전한 선택이었다. 그들은 분명하게 거래에 대한 대가로 돈을 약속했기 때문이다. 빵을 받아 든 유다의 얼굴에는 어떤 변화도 없었다.

"유다, 당신이 계획하는 일을 하세요. 너무 끌지 말고 신속하게 마무리해요." 예수가 말했다. 마지막으로 유다에게 마음을 열고 다가가려던 시도가 실패했음을 알았기 때문이다. 제자들은 유다가 배반하리라고는 상상도 못 했다. 예수가 유다와 자금 관리에 관해 이야기를 나눈다고만 생각했다.

유다는 빵조각을 받아든 채, 그 자리를 떠났다. 유다가 떠난 빈자리는 쓸쓸해 보였다. 유다의 뒷모습은 한없이 측은해 보였다. 예수는 유다가 어디로 가서 무슨 행동을 할지 직감했다. 그런 마음을 먹고도, 내면의 불편함과 죄책감을 무시해버리는 유다가 불쌍했다. 유다는 오로지 살아남아야겠다는 생각에 빠져 있었다. 유다는 그 생각으로 마음을 단단히 감싸버려서 예수와 연결될 마음의 틈이 보이지 않았다.

유다는 예수와 제자들을 뒤로하고, 홀로 밤길을 나섰다. 유다에게는 낮보다 밤이 더 편했다. 그리고 끊임없이 자신을 재촉하면서 스스로 말했다. '살아남아야 한다. 살아남아야 한다.' 한참을 걷다 보니 오른손에는 예수에게서 건네받은 빵조각이 있었다. 순간 주저했다. 하지만 마음을 가다듬었다. 흔들리면 안 된다! 빵을 쓰레기처럼 양길가에 던져 버렸다. 빵이 그를 불쾌하게 했기 때문이다. 유다는 선언했다.

'이제 예수와는 끝이야!'

늦은 밤의 은밀한 이야기

(요 13:31-14:31)

떠나가는 유다를 바라보는 예수의 눈에 눈물이 고였다.
"여러분들은 저와 함께 지내면서 인간답게 산다는 것이 무엇인지 느끼지 않았나요? 저와 함께 하는 하나님을 보았을 겁니다. 우리가 참다운 인간으로 존재할 때, 우리 안에서 하나님의 존재가 드러날 겁니다. 제가 평생 여러분 곁에 있을 수 없어요. 여러분들은 저를 그리워하겠지요. 하지만 여러분이 제가 가는 길을 따라올 수는 없습니다. 하지만 서로의 마음을 느끼고, 서로의 이야기에 귀를 기울여 보세요. 그러다 보면 저와 함께한 시간과 관계가 떠오를 거예요. 서로를 온전히 이해하게 되는 순간 풍성한 삶을 경험하게 될 것입니다. 많은 사람이 여러분의 삶을 부러워할 거예요. 저와 함께 하나님을 누리는 삶을 사는 사람에게서는 참다운 인간의 매력이 느껴질 겁니다."
예수는 이제 모든 것이 끝난 듯이 말했다.

"선생님, 도대체 자꾸 어디로 가신다는 말인가요?" 베드로는 당황해서 말했다.

"여러분들은 제가 지금 가려는 길을 지금은 이해하지 못하고 따라올 수도 없습니다. 하지만 언젠가는 저와 같은 길을 걷게 될 거예요." 예수가 대답했다.

"왜 지금 따라올 수 없다고 말씀하세요? 저는 선생님을 위해서라면 죽음도 감수할 준비가 되어있어요." 베드로가 끼어들었다.

"베드로, 당신은 지금 확신에 차서 그렇게 말할 수 있어요. 하지만 그렇게 장담하지 않는 게 좋아요. 어두운 시기가 다가오면, 당신은 저를 부인하게 될 거예요. 닭이 울기 전에요." 예수가 쓸쓸하게 말했다. 어색한 침묵이 흘렀다. 도대체 어떤 일이 벌어지길래 예수는 베드로조차 예수를 부인할 수밖에 없을 것이라고 말하는 것일까?

"제가 떠나가고, 여러분이 저를 배반하게 될 겁니다. 그 순간 너무 자신을 자책하거나 학대하지 마세요. 제가 이렇게 떠나간 뒤 여러분이 머물 따스한 집을 찾게 될 겁니다. 모두 마음 둘 곳을 찾지 못해서 방황하지요. 하지만 제가 걸어온 길을 통해서 여러분도 참다운 집을 찾게 될 겁니다." 예수는 말했다.

"어디로 떠난다는 말씀이신지 이해하지 못하겠네요. 선생님이 떠나신다면, 어떻게 저희가 그 길을 찾아 나갈 수 있겠어요? 스승님이 없는 길에는 어두움만 있을 뿐이에요." 도마는 의아한 표정으로 말했다.

"저와 함께하면서 무엇을 보았나요? 항상 진실함 속에서 머무르면, 하나님의 진리가 찾아오지 않던가요? 이렇게 진실함 속에 거하면서 진리와 동행하는 것만이 유일한 길입니다. 이렇게 살면 하나님을 만납니다. 여러분은 이미 하나님을 경험하고, 만나지 않았던가요?" 예수가 말했다.

"선생님, 저는 아직 하나님을 만나지 못한 것 같아요. 어떻게 하면 하나님을 경험할 수 있을까요? 저는 하나님을 알 수 있다면, 여한이 없겠어요." 빌립은 부끄러운 듯이 말했다.

"빌립, 저와 함께 있으면서 무엇을 보았나요? 제가 내면으로 하나님과 대화하고, 그분을 경험하며, 그분께 순종하면서 사는 것을 보지 않았나요? 하나님을 저 멀리 하늘에서 찾고 있나요? 하나님이 거창한 성공에 있다고 생각하세요? 모두 어리석은 생각이에요. 마음을 열고 제 눈을 들여다보세요. 무엇이 보이나요? 제 안에서 움직이는 하나님의 생명력이, 하나님의 지혜와 사랑이 보이지 않나요? 하나님을 경험할 수 있고, 그와 함께 하는 삶을 살 수 있다는 믿음을 가지세요. 당신들도 저처럼 하나님과 함께 하는 풍요로운 삶을 살 수 있어요. 제 삶이 왜 당신들의 삶과는 다를 거라고 생각하나요? 우리의 삶은 다르지 않을 거예요. 마음에 있는 진실에 따라서 기도해보세요. 하나님께서 당신들의 진실한 갈망을 들어주실 거예요." 예수가 안타깝게 대답했다.

"여러분이 저와 나누었던 대화와 나눔의 시간을 잊지 마세요. 여러분도 제가 그랬듯이 이웃의 이야기를 들어주고, 공감해 주세요. 무엇보다 놀라운 사실은 성령이 여러분을 찾아온다는 것이지요. 하나님에 대해 마음을 닫은 사람들은 성령을 받아들일 수 없어요. 하지만 여러분은 그분을 알아차릴 거예요. 하나님을 경험한 사람들에게 성령은 친숙한 분이니까요. 제가 여러분들을 버리고 간다고 생각하지 마세요. 우리가 잠시 이별하는 순간은 너무 슬플 수밖에 없어요. 하지만 우리는 새롭게 만나고, 경험하고, 대화하게 될 거예요. 여러분은 제가 다시 살아났다는 사실을 알게 될 거예요. 제가 하나님과 하나 되듯이 여러분도 저와 하나가 되고, 하나님과 하나가 되는 놀라운 경험을 하게 될 겁니다. 여러분이 이웃과 공감하는 삶을 산다면, 저는 여러분이 저와의 특별한 만남을 기억한다고 생각할 거예요. 저와의 만남이 소중했기에 이웃과의 만남도 소중하게 될 겁니다. 저도 여러분의 마음에 더 공감할 거예요." 예수는 말했다.

"선생님은 왜 저희에게만 속내를 말씀하시나요? 더 많은 사람에게 자신의 이야기를 나눠서 좀 더 공개적으로 활동하시는 것은 어떨까요?" 다른 제자가 대화에 끼어들었다.

"친밀한 신뢰가 없는 사람들에게 하는 말은 무의미한 메아리가 되고 맙니다. 저와 공감하고, 마음을 나눈 사람은 제 이야기를 마음으로 받아들입니다. 저와 하나 되는 경험까지 공유하게 됩니다. 여러분은 제가 그랬듯이 하나님과 하나 되는 놀라운 경험을 하게 될 겁니다. 여러분은 제가 떠난 뒤에 깊은 울림을 느끼게 될 거예요. 성령이 여러분의 마음을 만질 겁니다. 제가 여러분에게 지금까지 숨겨둔 선물이 있습니다. 바로 '평화'입니다. 저와 같은 길을 걷는 사람은 놀라운 평화를 경험합니다. 저를 빼앗긴 상실감 때문에 낙담되고 두려울 겁니다. 그러나 그 너머에는 놀라운 충족감, 풍요로움, 자유, 위로, 해방감이 기다리고 있어요. 당장은 불안하고, 당황스러울 겁니다. 하지만 기다리세요. 평화가 찾아올 겁니다. 저와의 헤어짐이 여러분에게 축복이 될 거예요. 종교 지도자들이 주도하는 폭력에 저는 희생될 겁니다. 하지만 걱정하지 마세요. 제게 어떤 잘못이 있어서 그런 것이 아니니까요. 그렇다고 그 거대한 악이 참된 힘을 가진 것이 아니기 때문입니다. 하나님의 소명을 따라가는 사람이 경험하는 깊은 만족감을 그 누구도 건드릴 수는 없습니다. 그것은 하나님과 함께 하는 사람의 비밀이니까요. 한 곳에 너무 오래 있었네요. 우리 자리를 옮길까요?" 예수가 말했다.

  제자들은 놀랐다. 결국, 예수는 종교 지도자들에 의해 죽임을 당할 것이라고 말하고 있었기 때문이다. 예수와 함께 자리를 옮겨서 걷는 동안 많은 생각이 스쳤다. 예수가 떠난 뒤에 찾아오는 놀라운 경험이 무엇일까? 무엇이 예수를 상실한 절망감을 채워 줄 수 있다는 말인가? 엄습하는 두려움에 제자들은 더 이상 말을 꺼내지 못했다. 하나님과 함께 산다는 것, 참다운 인간으로 존재한다는 것, 마음과 마음이 이어지는 참다운 관계를 맺는 것을 알려 주시는 분이 자기 죽음을 예감하고 유언의 메시지를 전했다. 그 자리에 그대로 앉아 있기에는 분위기가 너무 무거웠다. 저녁 공기가 차가웠고, 제자들의 마음도 차가워졌다. 오로지 제자들에 대해 따스함과 안타까움을 간직한 예수의 눈빛만 추운 밤공기에서 빛나고 있었다. 제자들의 마음은 알 수 없는 충격에 얼어붙고, 눈이 뿌옇게 흐려지는 걸 느꼈다. 이 저녁이 하염없는 심연으로 빠져드는 것만 같았다.

포도밭에서 나눈 이야기

(요 15:1-27)

제자들은 예수의 이야기에서 진실을 느꼈고 사랑의 마음을 접촉했다. 예수가 수시로 했던 이야기들이 오늘은 더 새롭게 가슴으로 밀려들었다. 가슴이 따스해졌지만 슬픔이 몸을 감싸고 있었다. 예수는 늘 다른 차원의 세계를 경험하도록 인도해 주는 멘토였다. 제자들의 마음은 슬픔 속에서도 알 수 없는 기쁨과 감동이 솟아나고 있었다. 신기한 일이었다.

저녁 산책을 하던 예수와 제자들은 포도 향기에 발걸음을 멈췄다. 저녁 공기는 시원했다. 눈앞에는 포도 농장이 펼쳐져 있었다. 여기저기서 포도송이가 달빛에 반짝거렸다. 빛나는 포도송이는 터질 듯이 탐스러웠다. 포도의 달고도 시큼한 향기에 제자들의 입에는 침이 고였다. 예수는 포도밭을 바라보면서 이야기를 꺼냈다.

"포도송이가 탐스럽군요. 포도가 풍성하게 맺힌 나무를 보면 저는 아버지 하나님이 떠올라요. 그분은 이 포도원을 관리하는 농부지요. 저는 포도원의 포도나무랍니다. 부지런한 농부와 건강한 포도나무가 만나서 탐스러운 포도를 만들어 내지요. 제 옆에 있는 여러분들은 포도나무의 가지라고 할 수 있어요. 저와 연결되어 열매를 맺는 삶을 사는 소명이 있기 때문이지요. 그렇기 때문에, 여러분에게 열매를 기대하게 됩니다. 마치 가지에 포도가 열리기를 기대하는 것처럼 말이지요.

우리는 어떻게 열매 맺는 가지로 자라날 수 있을까요? 생명력, 공감, 사랑, 위로와 같은 열매를 어떻게 맺을 수 있을까요? 가지가 열매를 맺으려면 나무에 붙어 있어야 해요. 가지 홀로 열매를 맺을 수는 없기 때문이지요. 혼자 떨어져서 분리되는 순간 생명력을 잃어버리고 말아요. 사람은 홀로 존재하면서 의미를 찾을 수 없어요. 참다운 관계를 맺을 때만이 기쁨, 용기, 위로, 공감, 따스함, 사랑을 경험하기 때문이지요.

이런 의미는 오로지 진정한 사랑의 관계에서만 얻을 수 있지요. 저와 함께하면서 이런 관계를 경험했다면, 이 만남을 주변으로 확장하세요. 참다운 관계는 삶을 풍성하게 해줍니다. 관계에서 분리되거나 배제되면, 삶은 견디기 어려워져요. 소외감, 외로움, 답답함이 마음을 짓누르기 때문이지요. 마음과 마음이 만나는 경험이 여러분을 참된 진리의 길로 이끌 거예요. 그 길이 바로 하나님께로 돌아가는 길이지요. 마음에서부터 나온 진실을 두려워하지 마세요. 진실을 말할 수 있는 참된 관계는 하나님의 기뻐하는 뜻을 이뤄내니까요.

제가 왜 이런 말을 하는지 아시나요? 여러분들이 행복하고 성숙한 삶을 살기를 바라기 때문이지요. 진정 행복한 삶은 정말로 성숙한 사람만이 누릴 수 있는 특권이에요. 제가 여러분들에게 당부하고 싶은 말이 있어요. 서로에게 진심으로 공감하는 삶을 살도록 하세요. 바로 옆에 있는 친구의 음성에 귀 기울이세요. 그들에게 여러분의 마음의 공간을 내어주도록 하세요. 저는 이제 여러분의 친구로 남고 싶네요. 스승의 관계를 넘어서 친구가 되고 싶어요. 제 마음에 있는 소중한 비밀을 여러분들과 나눴으니 우리는 이제 친구가 되었어요.

여러분들은 자신이 원해서 저와 같은 길을 걷게 되었다고 생각하지요? 하지만 제 생각은 달라요. 제가 여러분 한 명 한 명을 선택한 것이 분명하니까요. 여러분을 만난 시간, 장소가 지금도 눈앞에 선명하게 떠오릅니다. 저는 마음을 다해서 여러분을 불렀어요. 여러분들이 이 땅에 성숙하고, 아름답고, 사랑으로 가득 찬 삶을 누리도록 말이에요. 아름다운 열매는 참다운 관계에서 맺힌답니다. 우리가 공유한 진실을 따라 기도한다면, 하나님은 여러분의 기도에 응답해줄 거예요. 한 가지 부탁이 있어요. 서로의 마음에 귀를 기울이세요! 깊은 공감을 나누세요!"

제자들은 예수가 이제 스승이 아니라 친구라는 사실에

놀랐다. 이 놀라움은 기쁨으로 찾아왔다. 예수에게서 전해진 그 따스한 마음을 이웃과 나눈다면, 이웃들의 삶도 변할 것이라는 기대감이 생겼다. 자신들이 변했다면 주변의 변화도 불가능한 일이 아니었다. 하지만 예수는 이전과는 다른 냉정한 목소리로 말을 이어나간다. 예수와의 친밀감에 감격한 제자들에게 찬물을 끼얹듯이 목소리가 차갑다.

"이렇게 열린 마음으로 이웃을 대한다고 항상 좋은 일이 생기는 것은 아닙니다. 어떤 사람들은 여러분을 이상한 사람 취급하고, 무시하고, 미워할지도 몰라요. 여러분들이 다른 많은 사람처럼 오로지 돈, 권력, 욕심의 기준으로 산다면, 사람들이 여러분을 정상적이라고 생각하겠지요. 하지만 참다운 마음의 진실과 공감이라는 기준대로 인생을 산다면, 이상한 사람 취급할 거예요.

여러분도 잘 알지 않나요? 제가 이 예루살렘에서 얼마나 많은 반대와 갈등을 직면해야 했는지를 말이에요. 내면의 진실을 따라 사는 삶은 의외로 환영받지 못하는 순간이 많아요. 저를 싫어했던 사람들을 기억할 거예요. 하지만 제게는 여러분 같은 친구도 생겼어요. 여러분의 삶에도 고난이 있겠지만, 아름다운 우정을 빚어낼 기회도 기다리고 있답니다.

여러분을 미워하는 사람 중에는 자신이 진리를 깨달았다고 확신하는 사람들이 적지 않을 거예요. 안타깝게도 그런 확신 속에 있는 사람들은 자기 마음을 있는 그대로 받아들이거나 느낄 수 없어요. 마음의 진실을 읽어 낼 힘이 없기 때문이지요.

여러분은 저와 만나면서 마음속에서 진실을 알아차릴 수 있게 되지 않았나요? 그 진실이 여러분을 진리로 이끌었지요. 이런 삶을 느낀 사람들은 진실한 마음에서 벗어난 기계적인 삶을 살 수는 없지요. 저와 만나면서 여러분 마음에 새로운 감각이 생겨났고, 과거의 상처와 콤플렉스를 있는 그대로 받아들일 마음의 여유도 얻었지요. 이런 경험을 하고도 하나님을 부정할 수는 없어요. 진실이 두려울 수는 있어요. 하지만 그 두려움과 부끄러움 때문에 진실에 눈을 감으면 진리를 만날 수 없어요. 끊임없이 자신에만 매몰되어 진실에 눈을 감으면 미성숙한 채 삶을 마감하게 됩니다."

제자들은 예수와 같은 삶이 가져올 영광과 고통을 누구보다 잘 알았다. 그 길은 위대했고, 아름다웠다. 하지만 사람들의 비난과 고소, 비판과 폭력을 감내해야 하는 길이기도 했다. 진실에 머무르며 진리를 찾는 길은 항상 행복하고 편안한 길만은 아니었기 때문이다. 예수는 소박하고, 담백하고, 매력적이었다. 그런 분이 터무니없는 비판과 공격에 얼마나 많은 고통을 받았던가? 진실에 마음을 닫고, 진리에 눈을 감은 사람들은 자기 자신의 편견에 노예가 되었다. 그런 편견이 강력한 확신이 되어 진리의 길을 걷는 예수에게 무자비한 폭력을 가했다. 제자들에게는 깊은 두려움이 몰려왔다. 고난과 핍박의 길은 제자들이 원하는 것이 아니었기 때문이다.

예수는 절망의 순간에 희망을 준다. 하지만 기대로 가득 찬 순간에는 어두운 현실을 깨닫게 해준다. 제자들은 어느 장단에 맞춰 춤을 춰야 할지 몰랐다. 예수의 박자가 뭔가 엇나간 것처럼 느껴졌다. 그 연주에 따라 춤을 추기는 당혹스럽기도 했다. 이 저녁에 예수는 제자들에게 웃으라고 하는 것인지, 울라고 하는 것인지 종잡을 수 없었다. 기뻐하라는 것인지, 슬퍼하라는 것인지 알 수 없었다. 제자들이 예수의 마음을 알았다고 확신한 순간 예수는 다른 이야기로 그 확신을 흔들어 놓았다.

제자들은 다시 예수와의 거리감 때문에 고민에 빠져들었다. 그러나 이제는 손을 들었다. 자신들이 예수의 마음을 모두 이해할 수는 없다는 사실을 겸손하게 받아들이기 시작했다. 제자들은 예수에 대해 어느 정도의 감만 잡는 데 만족해야 했다. 그 이상을 깨닫고, 경험하기에는 제자들은 미숙했다. 아직도 자신들이 가야 할 길이 더 많이 남아있었다. 예수의 이야기는 직접 경험하지 않고는 이해할 수 없는 그런 것이었다.

3 부활을 향하다

소개팅

(요 16:1-33)

이해되지 않는 이야기를 있는 그대로 남겨두는 것은 쉬운 일이 아니다. 그래서 제자들은 알아들을 수 없는 예수의 이야기에 어지러웠다. 하지만 이제 이런 불편함을 어느 정도는 받아들이게 되었다. 자신들이 이해할 수 없는 영역이 존재한다는 사실을 인정하게 된 것이다. 시간이 지나면, 예수를 이해하게 되리라는 안정감이 생겼다. 이런 편안함은 자신의 부족함을 있는 그대로 받아들일 때 찾아온다. 놀라운 사실은 이렇게 자신을 인정할 때 예수와 친구가 된다는 것이다.

"이제 제가 떠날 시간이 다가온 듯하네요. 여러분은 이제 제가 어디로 가느냐고 질문하지 않는군요. 말하지 않아도 여러분의 슬픈 마음이 느껴지네요. 그러나 저를 상실하는 것이 여러분에게 더 큰 축복이 될 거예요. 저를 떠나보내야 성령이 찾아오기 때문입니다. 제가 떠나가야 새로운 친구를 만나게 됩니다. 이 친구는 여러분을 기다리고 있어요. 그와의 만남을 통해서 이 세상의 왜곡된 시각이 무너질 거예요.

그는 여러분이 진실한 눈으로 모든 일을 있는 그대로 보도록 도와줄 거예요. 진실을 거부하고, 진리에서 멀어진 사람들의 문제점이 백일하에 드러날 거예요. 올바른 삶, 정의로운 사회가 무엇인지도 알게 될 거예요. 궁극적으로는 모든 것이 빛 가운데서 완전히 드러날 거니까요. 진실과 진리, 거짓과 위선이 명명백백하게 드러나는 날이 찾아옵니다.

모든 이야기에는 때가 있는 듯해요. 지금은 여러분에게 모든 것을 말할 수는 없어요. 그래도 성령이 오시면 여러분을 진리의 길로 이끌어 주실 거예요. 여러분이 진실한 마음으로 내면의 음성에 귀 기울이면, 그분은 여러분에게 여러 사건의 의미를 일깨워줄 거예요. 여러분은 성령을 접하면, 제가 떠오를 거예요. 그의 숨결에서 저와 함께했던 기억과 추억이 떠오르겠지요. 저와 나누었던 따스함, 공감, 위로, 격려, 사랑이 여러분의 것이 될 거예요. 그런 의미에서 여러분은 잠시 후에 저를 다시 만나게 될 겁니다." 예수가 말했다.

제자들은 다시 헷갈리기 시작했다. 예수가 어디로 가는지 더 이상 관심을 두지 않기로 다짐했다. 그것이 무엇이든 간에 그 길은 고통과 희생의 길일 것이 분명했다. 그런데 예수는 다시 이해할 수 없는 이야기를 시작해서 또 다른 의문을 불러일으켰다. 떠나가는 것을 받아들이는 데 많은 시간이 필요했다. 그런데 이제는 예수가 돌아온다고, 다시 만나게 된다는 알쏭달쏭한 말을 시작했다. 이 말은 또 무슨 의미일까? 제자들은 이제 더 이상 질문하지 않겠다고 다짐했다. 그러나 얼굴에 피어오르는 의문은 감출 수 없었다. 예수는 제자들의 궁금한 표정을 알아챘다.

"여러분이 저와 헤어진다는 말에 마음이 무너졌지요? 이제 제가 다시 만나게 된다고 하니 이 말이 무슨 말인지 이해할 수 없겠지요. 여러분이 저를 잃어버린 순간에 축제를 벌이면서 즐거워하는 사람들이 있을 거예요. 여러분의 슬픔이 더 깊어지겠지요. 하지만 그 슬픔은 슬픔에서 끝나지 않아요. 슬픔의 끝에 기쁨이 찾아오기 때문이지요. 사람들은 순간의 쾌락을 느끼려고 많은 희생과 대가를 지불해요.

참다운 기쁨은 언제 찾아올까요? 그것은 고통 뒤에 찾아옵니다. 해산의 고통을 겪은 임산부가 자궁을 뚫고 나온 아기를 품에 안는 순간 기쁨의 탄성을 지르지요. 여러분이 지금 겪게 될 고통도 해산의 고통과 같아요. 이별의 고통을 도저히 인정할 수 없겠지요. 하지만 그 고통에 깊이 머무르세요. 시간이 지나면, 놀라운 기쁨이 찾아옵니다. 그런 기쁨은 스스로 조작해낸 흥분이 아니예요. 주변에 어떤 변화와 자극이 있어도 이렇게 얻은 기쁨은 변함없이 남아있지요.

저와 함께하면서 느꼈던 진실한 마음을 잊지 마세요. 그 마음을 따라 걸어가세요. 그 진실 속에서 제 마음이 느껴질 거예요. 저와 하나 된 느낌을 가지고 마음을 담아 기도해보세요. 그런 기도는 하나님께서 반드시 응답해주시거든요. 내면의 진실, 참된 진리를 따라서 바라는 바람은 이뤄집니다. 그것이 성취되는 순간 우리는 말할 수 없는 희열을 느끼게 돼요.

저는 여러분에게 비유로 말하곤 했어요. 이제는 진리 자체를 그대로 느끼고, 말하고, 들을 수 있는 시대가 도래해요. 여러분이 자신의 인생을 제게 의탁한 순간 여러분과 저는 긴밀한 관계로 맺어졌어요. 그 순간 하나님도 우리와 맺어졌어요. 여러분은 하나님과도 특별한 관계를 맺게 된 것이지요. 저는 근본이신 하나님에게서 시작되었고, 이제는 그분에게 다시 돌아가는 길을 걷게 될 거예요." 예수가 말했다.

제자들에게 깨달음이 찾아왔다. 그것이 어느 순간 어떻게 찾아왔는지 알 수 없었다. 제자들은 자신도 모르게 예수의 말씀을 그냥 알아들었다. 그래서 자신도 모르게 탄성을 질렀다.

"스승님이 이제야 있는 그대로 쉽게 말씀하시네요. 스

승님은 모든 것을 알고 계셨군요. 모든 관계는 스승님과의 만남에서 시작되고, 그리로 돌아간다는 것을 이제야 알겠네요. 저희 마음속에 가득하던 스승님에 대한 불신, 의문, 회의가 이제는 사라져버렸네요. 스승님은 하나님과 함께하시는 분임을 확신할 수 있어요." 제자들은 강력한 깨달음, 확신, 감동에 사로잡혔다.

"여러분이 저를 믿고 따른다고 말하니 기쁘군요. 하지만 여러분들은 결국 저를 버릴 수밖에 없을 거예요. 여러분들은 목숨을 구하기에 바쁠 거예요. 여러분이 떠나는 순간 사람들은 제가 버림받았다고 말할지 몰라요. 하지만 하나님이 저와 함께하시기 때문에 저는 결코 버림받지 않습니다. 여러분이 위기의 순간에 마음을 굳건히 하라고, 이렇게 자세히 말하는 거예요. 그렇다고 마음에 너무 큰 부담을 갖지는 마세요. 우리의 삶은 고통의 연속이지만, 절망하지는 마세요. 제가 세상의 절망을 뛰어넘었으니까요. 여러분도 그 길을 걷게 될 거니까요." 예수가 말했다.

예수는 제자들의 눈을 열어 새로운 세계로 인도한다. 새로운 세계에 도취된 제자들을 다시 냉정한 현실로 끌어내린다. 충성을 맹세하는 제자들에게 그 맹세는 순간적으로 무너질 수 있다고 지적한다. 예수는 약속을 저버릴 제자들의 마음이 상처로 무너지지 않도록 그 자리에서 일어설 항체를 만들어 준다. 예수는 이 땅의 절망적인 현실과 구조적 불의를 너무도 잘 알고 있었다. 예수는 그런 냉엄한 현실 인식 가운데서도 새로운 희망과 해방의 가능성을 찾아냈다.

예수는 제자들이 영적인 지식에 몰입해서 현실과 유리된 삶을 사는 것을 원치 않았다. 영적인 깨달음에 열광하고 흥분하는 제자들에게 삶의 고통과 차가운 현실을 제시한다. 하지만 그 절망과 고통이 새로운 부화와 변화, 희망과 성장의 밑거름이라고 말한다. 고통에 머무르는 순간 새로운 변화가 시작되고 있는 것이다.

어둠 속의 기도

(요 17:1-26)

예수는 자신을 향해 성큼성큼 다가오는 죽음을 감지했다. 그 두려움의 순간 예수는 하나님께 무릎을 꿇고 기도한다.

"아버지, 이제 결전의 순간이 다가옵니다. 제가 어떤 어려움 속에서도 제 모습을 잃지 않게 해주세요. 제가 하나님의 소명을 이루도록 해주세요. 제게는 함께 하는 사람들이 있습니다. 그들을 위해서 기도드립니다. 그들이 스스로 진실을 발견하고, 진리에 이끌리는 삶을 살게 해주세요. 참다운 삶이 자신의 존재 안에서 하나님과 만나는 데서 시작함을 알게 해주세요. 하나님과 하나 되어 살게, 저와도 하나 되게 해주세요. 아버지는 아십니다. 제가 당신의 음성에 순종하여 여기까지 왔다는 사실을 말입니다. 아버지와 만난 뒤로 저는 태초의 빛을 경험했습니다. 그 빛은 온 세계에 생명을 만들어 냈습니다. 제 삶을 통해 그 창조의 빛이 온전히 타오르게 해주세요.

저는 제 삶과 말을 통해서 아버지가 어떤 분인지 보여주었습니다. 제 친구들은 저를 통해서 아버지의 사랑, 따스함, 정의로움, 아름다움, 공감을 보고 느꼈지요. 제 친구들은 하나님에게서 비롯된 사람들입니다. 그래서 우리는 서로 깊은 대화를 나눴습니다. 이들은 아버지의 뜻을 발견했습니다. 소명을 발견하고, 그에 따라 살겠다고 다짐했습니다. 처음에는 하나님과 함께 하는 삶에 대해 회의적이었습니다. 하지만 제가 하나님과 함께 사는 모습을 보면서 하나님에 대해 관심을 갖게 되었어요. 하나님의 이야기를 들은 뒤로 자신들도 그런 삶을 경험할 수 있다는 확신을 하게 되었어요.

하나님, 저는 비난하고, 공격하는 사람들에게 제 마음을 허비하고 싶지 않습니다. 저와 마음을 나눈 친구들을 위해 기도하는 시간으로 채우고 싶습니다. 제가 아버지와 함께한 신비에 이들도 참여할 수 있다는 생각에 기쁩니다. 제 삶의 흔적들이 이들의 삶에 새겨져서 이 땅에 다시 꽃피울 것을 기대합니다. 제가 떠나도 이들은 자신의 길을 걷겠지요. 제가 하나님과 친밀해진 만큼 제자들도 깊은 만남의 자리로 가기를 바랍니다. 제자들이 온전한 인간으로 성숙하기를 바랍니다. 파멸로 이끄는 악에서 이들을 보호해주세요. 제자들 모두 저의 길을 따르기로 했지만 한 제자는 저를 떠나고 말았습니다. 자기 스스로 소외

되어 어둠에 들어가는 것이 너무 안타깝습니다.

이제 하나님과 더 깊은 하나 됨을 경험할 시간이 다가옵니다. '여러분도 하나님과 만나보세요. 그분을 경험해 보세요. 삶의 기쁨은 그곳에 있거든요!' 저는 마음으로 이렇게 선포합니다. 하나님을 만나고, 진리의 길을 따른다는 것이 항상 행복하기만 하지는 않다는 사실을 알고 있습니다. 자신들의 생각과 다르다고 비난하는 사람들이 많기 때문입니다.

하나님, 제자들이 이 땅의 현실에서 당당히 살아가기를 원하며 기도합니다. 착취하는 체제에서 자신의 내면을 지키면서 살게 해주세요. 다른 사람들이 저를 어떻게 판단하는지에 휘둘리지 않게 해주세요. 그들도 이웃을 판단하지 않고 오롯이 진실과 진리를 따라 살게 해주세요. 하나님, 당신을 만난 뒤로 제 삶이 바꿨고 제자들의 삶도 변했습니다. 이들도 당신의 부르심에 반응하여 소명을 발견하게 하소서. 그래서 자신만의 인생을 살게 해주세요. 우리가 그 소명으로 인해 자신만의 고유한 삶을 살게 하소서.

하나님, 우리는 자신과 가족을 위해서만 기도하곤 합니다. 우리의 관심과 기도가 이웃과 친구들에게 확장되게 하소서. 여러 사람을 만나도 피상적인 관계에 머물지는 않게 하소서. 하나님과 우리의 관계가 특별하듯이 새로운 만남에도 진실함과 공감이 넘치게 해주세요. 이것이 제 소명입니다. 제가 아버지로부터 경험한 축복이 제자들에게 흘러갔습니다. 이제 제자들도 우리 사이의 친밀한 관계로 들어올 때가 된 듯합니다. 이 관계가 이들을 성장시킬 것을 믿습니다. 그들이 성장하면, 제 안에 계신 분이 하나님이었다는 사실을 깨닫겠지요. 그 사실을 깨닫게 되는 순간 온 세상을 향해서 진리가 무엇인지 말하게 될 겁니다.

아버지, 저는 제 친구들과 대화하고, 이해하며, 공감하는 삶을 살고 싶습니다. 그런 삶 속에서 하나님이 어떤 분인지 더 깊이 알게 되겠지요. 이 세상의 많은 사람이 하나님을 알지 못한다는 사실에 가슴이 아픕니다. 이제 제자들도 하나님을 알고, 당신이 주신 소명을 이해하기 시작했습니다. 하나님이 이렇게 우리와 함께 존재한다는 사실은 저희에게 큰 축복입니다. 이런 기쁜 소식을 어떻게 감춰둘 수 있을까요? 하나님의 사랑이 제게 스며들어 제자들에게 퍼진 그 순간을 잊을 수 없습니다. 사랑으로 우리가 온전히 하나 됨을 경험한 이 순간은 영원할 것입니다."

이날 저녁처럼 예수가 솔직한 마음을 있는 그대로 제자들 앞에 표현한 적은 없었다. 죽음을 앞둔 예수는 기도를 드렸다. 이 기도는 제자들에게 유언으로 들렸다. 예수는 여기서 '기쁨'을 강조했다. 자기 삶의 유산이 기쁨이란 것이다. 그 기쁨의 근원에는 참다운 만남, 대화, 사랑, 공감이 자리 잡고 있다. 삶의 팍팍한 현실 앞에 절망하는 우리에게 예수는 오로지 내면에 스며드는 참다운 만남만이 우리의 희망이라고 말하고 있다.

불안, 공포 그리고 강박증
(요 18:1-18)

그 사건은 깊은 밤 숲속에서 일어났다. 번쩍거리는 횃불을 앞세운 군인들이 갑옷을 부딪치며 움직이는 소리에 예수와 제자들은 고개를 돌렸다. 그들은 소요를 최소화하면서 주요 인사를 납치하기 위해 조심스럽게 접근했다. 예루살렘에서 가장 유명하고, 인기 있는 인물을 체포하는 일은 절대 만만치 않은 작전이었다. 그렇지만 예수의 행동반경, 주변 인물에 대한 정보를 모두 꿰고 있는 내부자를 확보했기 때문에 안도하고 있었다. 확실한 정보가 있는 이상 험한 꼴은 당하지 않을 것이기 때문이었다. 그들은 예수 일행이 겟세마네 동산으로 이동할 때까지 기다렸다. 예루살렘 도심에서 예수를 체포하려다가 소동이라도 일어나면 이것은 걷잡을 수 없는 반란과 소요로 이어질 수 있었다.

유다의 예상은 적중했다. 예수 일행이 겟세마네로 산책하러 갈 것이라는 판단이 맞아떨어진 것이다. 그는 예수와 함께 반역자로 몰려서 사형당하느니 제사장 편에 서서 생명과 재산을 보존하기로 했다. 그래서 로마 군병과 경비대의 길잡이가 된 것이다. 얼마 전 예수의 만찬 테이블을 떠날 때만 해도 그의 마음은 불편하고 울적했다. 그러나 이제 내면의 음성에 고개를 돌려버리자 그의 내면은 점점 굳어지고 무감각해지기 시작했다. 그는 이제 더 이상 감정을 느낄 수 없었다. 진실에 눈을 감자 그는 피도 눈물도 없이 주어진 업무만 기계적으로 수행해내는 전문 기술자로 전락했다.

예수를 체포해야 한다는 목표만이 유다를 지배했다. 그분이 자신의 스승이고, 그가 참다운 인간이라는 사실은 문제가 되지 않았다. 발부된 구속영장을 어떻게 하면 신속하고도 은밀하게 집행할까 하는 생각만 그의 머릿속을 가득 채우고 있었다. 이런 목적이 그를 사로잡아버리자 자신에게 빵을 떼주던 예수를 떠올릴 필요가 없었다. 그는 인간적 감정을 잃어버린 대가로 불편한 마음을 떨쳐낼 수 있었다.

이제는 예수 체포라는 과업이 뭔가 대단한 대의처럼 느껴지기까지 했다. 공허하고, 허무한 유다는 지푸라기라도 잡는 심정으로 이 목표에 스펀지처럼 빨려 들어갔다. 유다의 침울하던 표정도 알 수 없는 냉담한 미소로 바꿨다. 겟세마네 공원은 이런 일을 하기에 안성맞춤이었기 때문이다. 인적이 드물고, 어둠으로 가득 차 있어서 여기서 무슨 짓을 해도 알 사람이 없었다. 인간의 길을 떠난 자리에 영혼 없는 기술자들이 등장한다.

이 겟세마네 동산은 아름다웠다. 야트막한 언덕에 오롯이 솟은 올리브나무는 사람의 마음을 편하게 해주었다. 평범하고, 소박한 분위기는 쉼을 선사했다. 예수가 이 장소를 사랑한 것은 결코 우연이 아니었다. 사실, 예수가 자유로운 공기를 호흡하기에 이보다 좋은 장소는 없을 듯했다. 이곳에는 예수와 제자들 사이의 아름다운 추억이 깃들어 있었다. 천천히 한 발자국씩 내디딜 때마다 제자들과 겪은 에피소드들이 예수의 뇌리를 스쳤다. 억눌렀던 마음을 비집고 다시 슬픔이 튀어 올라왔다.

예수는 저 멀리 로마 군인들과 유다가 다가오는 모습을 보았다. 이제 올 것이 왔다. 예수는 이 모든 체포의 과정을 담담하게 받아들일 작정이었다.

"당신들은 누구를 찾고 있습니까?"

예수가 물었다.

"나사렛 사람 예수를 찾습니다."

그들이 대답했다.

예수는 자신이 그라고 말했다. 예수는 체포되면서도 이 모든 상황을 의식하고 있었다. 예수는 자신의 선택에 의해서 체포를 받아들였다. 기꺼이 체포되어 처형당하는 결과를 감내하기로 다짐했다.

"내가 그 사람입니다." 예수는 너무도 담담하고, 담백하게 말했다. 무리는 당황했다. 그들은 이 사람이 정신병자이지, 예수는 아니라고 생각했다. 칼을 들고 자기를 잡으러 온 사람 앞에 나서서 '내가 여기 있으니 잡아가십시오'라고 순순히 말하는 사람은 없었기 때문이다. 이 사람이 정말 예수라면, 다른 속셈이 있는 것이 아닌지 의심했다. '예수의 손에 칼이 들려 있는 것이 아닐까? 주변에 매복이 있는 것이 아닐까? 다른 꼼수를 부리고 있는 것이 아닐까?' 그들의 머리는 복잡하고, 불안했다. 그래서 자신도 모르게 뒤로 물러서고 있었다. 예수의 편안함과 담백함에 압도된 것이다. 그들은 유다가 이 사람이 예수라는 신호를 보낸 후에야 다시 예수를 상대할 수 있었다.

"누구를 찾고 있습니까?" 예수가 다시 한번 그들에게 물었다. 그들은 나사렛 사람 예수를 찾는다고 말했다.

"제가 바로 여러분이 찾는 예수입니다. 여러분은 저만 데려가십시오. 제가 순순히 갈 테니 이 사람들은 보내 주세요. 그들이 조용히 떠나게 내버려 두세요." 예수 스스로 나서서 신분을 밝혔다. 그는 체포되는 순간에도 그와 함께 한 제자들이 피할 길을 열어주고 싶었다. 자신은 스스로 선택해서 이곳까지 왔다. 하지만 자신만 믿고 따라온 제자들은 다르다. 그들을 자신과 같은 반역자로 내몰리게 하고 싶지 않았다. 그래서 이 순간 제자들을 보호해주기 위해 최선을 다했다.

예수에 대한 충성을 서약한 베드로는 로마군이 등장하자 당황했다. 그가 공언했던 충성심과 용기를 나타내야 할 순간이 바로 지금이었다. 베드로는 예수가 로마 군인들과 경비병들 앞으로 태연하게 나아가는 것을 이해할 수 없었다. 그는 자신이 예수를 위해서 용기 있게 일어서야 한다고 생각했다. 이 순간 그의 손은 벌써 허리춤에 감춰둔 칼로 향하고 있었다. 칼을 들어 올려서 내리쳤다. 베드로의 정신은 이미 마비되어 버렸다. 자신이 무엇을 하고 있는지, 칼로 무엇을 내리쳐야 할지조차 인식할 수 없었다. 그의 칼은 어느덧 제사장 시종의 귀를 잘라냈다. 눈앞에 붉은 선혈이 튀어나오자 베드로도 얼어붙었다. 그는 충성스럽기 위해서 용기 있는 결단을 했다고 자위했다. 이런 위기 상황에서 칼로 저항하는 것은 당연한 행동이 아닌가?

"그 칼을 다시 꽂아 넣어요! 이게 하나님의 소명을 이루는 길이에요. 저는 도망갈 생각이 없어요." 예수는 베드로를 꾸짖었다. 예수의 말에 상황은 순식간에 정리되었다. 예수는 군병들을 따라갔다. 남겨진 제자들은 모두 겁을 먹고 흩어졌다. 하지만 베드로는 이렇게 허망하게 예수를 보낼 수 없었다. 다른 제자들은 몰라도 자신만은 끝까지 예수를 지켜야 했다. 그는 예수를 체포한 무리를 쫓아 제사장 저택으로 따라간다. 대제사장과 안면이 있는 요한과 함께 있으면, 위험도 줄어들 터였다. 요한은 대제사장과 연줄이 있어서 집 안으로 들어갈 수 있었지만, 베드로는 집 밖에 머물러야 했다. 불안과 두려움이 점점 더 그를 압도하기 시작했다.

"당신도 저 사람의 제자 아니에요?" 문을 지키는 처녀가 물었다.

"무슨 말이에요. 저는 아니에요." 당황한 베드로 자신도 모르게 말이 튀어나왔다. 불편한 마음에 문 앞에서 자리를 옮겼다. 추운 몸도 녹일 겸 그 집 종들과 경비병들이 불을 쬐고 있는 곳으로 갔다. 그런데 그중 어떤 사람이 그를 향해 예수의 제자가 아니냐고 다그쳤다. 베드로는 그 사람에게 칼을 들이댄 것을 후회했다. 그 자리에서 칼만 휘두르지 않았어도 사람들이 자신을 알아보지는 못했을 것이다.

"사람 잘못 보셨어요. 저는 아니에요." 베드로가 말했다. "아까 겟세마네에서 당신이 칼을 휘두르지 않았나요? 예수와 함께 옆에 있었잖아요." 제사장의 시종 친척이 이상하다는 듯이 끼어들었다.

"저는 예수라는 사람을 알지도 못해요." 베드로는 강하게 부인했다. 그의 강력한 맹세와 칼부림은 두려움과 불안의 표현이었다. 두려움이 고개를 들기 시작하자 그는 예수를 부인할 수밖에 없었다. 예수께 충성하겠다는 과격한 선언도 사실은 배반할까 봐 두려워서 큰소리친 것에 불과했다. 그는 마음 깊은 곳에 있는 불안과 두려움의 정체를 알지 못했고, 알고 싶은 생각도 없었다. 그는 모든 일이 잘될 것이라는 막연한 긍정적인 생각에 매달렸다. 예수가 처형에 직면하게 될 것이라는 당연한 사실을 인정할 수 없었다. 결국엔 다 잘 될 거라고 생각했다. 현실은 너무도 불편해서 언제나 긍정적인 미래를 꿈꿨다. 그런데 자신이 절대로 인정할 수 없었던 미래가 현실화되었다. 그 현실은 공포와 두려움으로 다가왔다.

예수가 구금된 대제사장 집으로 쫓아간 행동은 만용이었다. 제자들이 체포되지 않는 조건으로 예수는 스스로 체포되었다. 그냥 그 순간 도망가면 될 일이었다. 그러나 알 수 없는 감정에 사로잡혀 베드로는 제 발로 호랑이굴에 들어간다. 그가 후회하는 데는 오랜 시간이 걸리지 않았다. 대제사장 시종인 말고에게 칼을 휘두른 순간 그의 얼굴은 잘 알려졌다. 그 주변 사람들이 그를 알아보는 것은 너무도 당연한 일이었다. 그런데 자신이 어떤 행동을 했는지, 사람들이 그런 베드로를 어떻게 받아들일지 생각도 해보지 않고, 막무가내로 몸부터 움직이고 나니 치명적인 결과가 기다리고 있었다. 주변 사람들이 베드로에게 예수의 제자가 아니냐고 추궁했다. 그는 너무도 당연하다는 듯이 예수를 모른다고 부인했다. 그는 두려움과 불안에 무너져버렸다.

수탉의 울음소리에 베드로는 정신이 났다. 이유를 알 수 없는 눈물이 흘러내렸다. 아침이 오는 소리에 그는 강박, 불안, 두려움의 굴레에서 벗어날 수 있었다. 수탉의 울음소리는 예수를 상기시켜주었다. 겟세마네 동산에서 조용하면서도 차분하게 고통의 자리로 한 걸음씩 들어가신 그분이 떠올랐다. 그를 세 번 부인했다는 수치심이 그의 마음을 후벼 파는 듯했다.

판단 받는다는 것

(요 18:19-40)

　누군가에게 판단 받는다는 것은 불편한 일이다. 다른 이들에게 칭찬받기 위해서 올린 글에 악성 댓글과 비난의 댓글이 이어지면 우울함을 감당하기 어려워진다. 가까운 친구 사이의 사소한 오해로 친한 친구로부터 비난이라도 받는 날이면 밤잠을 설친다. 자신을 오해한 친구를 자신도 모르게 원망하는 자신을 발견하곤 한다.

　나를 정말로 아껴주는 가족이 나를 진심으로 사랑하기에 건네는 권면의 말도 눈엣가시처럼 불편하게 들리곤 한다. 그런데 타인이 일방적으로 나를 판단하고, 비판하면 감당하기 어려워진다. 예수는 누구보다 심한 비난과 오해를 감당해야 했다. 예수의 재판은 모멸감을 견뎌내는 이야기라 해도 과언이 아니다.

　겟세마네에서 체포된 예수는 대제사장 가야바의 사저로 끌려왔다. 예수를 심문한 사람은 대제사장의 장인인 안나스였다. 그는 예수가 제자들에게 가르친 내용에 관해 묻는다. 안나스는 한 마리의 매처럼 진술의 자그마한 오류를 물고 늘어지며 눈을 번득였다.

"저는 모든 이야기를 공개적으로 했습니다. 사람들이 모이는 회당이나 성전에서 가르쳤습니다. 몰래 숨어서 혁명을 모의하거나 비밀리에 메시지를 전하지 않았습니다. 제가 무슨 말을 했는지는 주변 사람들에게 물어보면 됩니다. 모두 들었기 때문입니다. 반란을 도모한 사실이 없는데 왜 이런 식으로 몰아가는지 이해되지 않습니다." 예수는 위압적이고, 적대적인 분위기 속에서도 차분하게 말했다.

이 말에 심문 장소에 있던 사람들은 당황했다. 예수의 말이 사실이었기 때문이다. 체포되면 굴욕감에 횡설수설할 줄 알았는데 전혀 기가 죽지 않은 모습에 놀랐다. 안나스의 표정에서 무엇인가를 읽은 사내가 예수 앞에 선다. 이 험상궂은 얼굴의 경비병은 대뜸 뺨부터 후려친다. '퍽' 하는 둔탁한 소리가 홀에 울려 퍼진다.

"범죄자 주제에 대제사장 앞에서 무슨 말버릇이냐? 입을 다물지 못하겠어?" 그는 거칠고 격앙된 목소리로 소리쳤다. 가격당한 예수의 뺨은 점점 더 붉게 달아올랐다.

"우선, 제 잘못에 대한 증거부터 제시해주기 바랍니다. 저는 증거에 근거해서 사실을 진술했습니다. 폭력으로 진실을 가릴 수는 없습니다." 예수는 단호하게 대답했다. 이

쯤 되자 자신의 예리한 심문 능력 앞에서 예수가 무너지리라 생각했던 안나스도 예수를 가야바에게 넘겨버렸다. 예수를 결박하고, 그의 뺨을 내리쳐도 굴복시킬 수는 없다는 것을 깨달았다. 예수의 내면의 강인함, 단호함, 확신이 어둠 속에서도 느껴졌다. 안나스는 예수를 계속 대제사장 사저에 두면 다른 유대인들이 그에게 설득될 것이 두려웠다. 밤새 괴롭혔지만, 소득이 없었기 때문이다. 대제사장이 말을 하면 할수록 그 정당성은 떨어졌고, 예수는 정의롭고 합리적으로 보이는 것이 걱정되었다.

예수는 진실의 힘을 믿었다. 폭력으로 억누른다고 진실이 거짓이 될 수 없었다. 그들은 강압적인 언어와 무력으로 예수를 압박하고자 했다. 하지만 예수는 전혀 흔들림 없이 자신의 말을 했다. 이런 강압과 폭력 속에서도 객관적인 진실을 말했다. 사실에 바탕을 두고 반박했다. 예수의 진술은 강력한 반격이었다. 예수는 차분한 진실의 언어로 좌중을 압도한다. 대제사장의 종교적 권위가 무색해지고, 경비병의 우락부락한 주먹이 부끄러워졌다. 진실을 담담히 말하는 예수 앞에서 폭력도 무력하게 보였다.

그래서 자신의 영역에서 예수를 무너뜨리려는 가야바의 계획은 실패했다. 가야바는 아침이 밝자마자 예수를 로마 총독 빌라도에게 보내 버렸다. 예수를 죽이려는 계획을 추진하는 순간에도 그들은 이방인과 접촉을 금지하는 유대 율법을 지켜야 했다. 유월절 음식을 먹기 위해서는 총독관저 안으로 들어갈 수 없었다. 그래서 빌라도가 이들을 만나러 관저 밖으로 나온다.

"무슨 죄로 이 사람을 고발하는 것인가요?" 빌라도가 귀찮다는 듯이 물었다. 유대 지도자들은 죄명을 분명하게 언급할 수 없었다. 사실 고발할 마땅한 죄명을 찾을 수도 없었다.

"저희가 아무런 이유도 없이 이 아침에 이 사람을 여기 데리고 올 리는 없겠지요. 귀찮으시겠지만, 저희 이야기를 들어주세요. 정말 중요한 문제입니다." 그들은 질문에 대한 대답을 흐렸다. 무슨 죄인지 묻는 말에 중요한 죄인이라고 의뭉스럽게 둘러대는 말을 듣고, 빌라도는 이것이 유대 종교 문제임을 직감했다.

"여러분의 율법대로 스스로 재판하면 되지 않나요?"

"저희는 죄인을 사형에 처할 권한이 없습니다." 유대인들은 대답했다. 유대 지도자들도 자신들의 관할 범위 내에서 예수 문제를 처리하고 싶었다. 하지만 밤새 심문했지만, 이런 방식으로는 자신들의 뜻이 관철될 수 없다고 판단했다. 로마의 사법권을 의지하여서 예수를 처형하는 것만이 유일한 해결책이라는 결론에 이르렀다. 유대인들의 명절인 유월절을 앞두고 이방인 총독을 접촉하는 것은 이례적이었다. 하지만 지금은 예외적인 상황이었다. 로마 총독의 사법권이 절실히 필요했다. 무엇보다 사형판결이 필요했다. 예수만 죽이면 유대 지도자들의 종교적, 경제적, 정치적 이익을 보호할 수 있음이 분명했다.

빌라도는 유대 지도자들이 예수라는 인물을 죽이고 싶어 안달이 났음을 한눈에 알아차렸다. 그들은 예수가 로마제국의 반역자라고 몰아세웠다. 빌라도가 보기에 그런 증거는 조금도 눈에 띄지 않았는데 말이다. 오로지 분명한 사실은 유대 지도자들이 예수를 처형시키겠다는 의지가 확고하다는 것이었다.

"사람들은 당신이 유대인의 왕이라고 하더군요. 그 말이 사실인가요?" 로마 총독은 예수에게 물었다.

"총독님은 제가 유대인의 왕이라고 생각하십니까? 저 사람들의 압박에 못 이겨서 제게 이런 질문을 하시는 것이 아닌가요?" 예수는 대답했다. 빌라도의 마음이 정말 그랬다. 이런 사람을 로마의 반역자인 유대인의 왕으로 심문하는 것 자체가 좀 어색했다. 그리고 지금 자신은 로마의 정당한 사법권을 집행하고 있는 것이 아니라 유대 지도자들의 압박에 떠밀리고 있는 것이었다.

"로마인인 내가 당신을 유대인의 왕으로 인정할 리는 없지요! 하지만 유대인들과 종교지도자들이 내게 당신을 재판해달라고 넘겼습니다. 도대체 무슨 일을 저질렀길래 저렇게 난리인가요?" 빌라도는 변명하듯이 둘러댄다.

"제가 말하는 나라는 총독님이 생각하는 그런 국가가 아닙니다. 저는 폭력으로 다스리는 나라에는 관심이 없습니다. 그런 나라를 만들 생각도 없습니다. 만약 제가 그런 나라를 원했다면 이렇게 총독님 앞에서 재판받을 일도 없습니다. 제 지지자들이 칼로 저를 보호했을 테니까요. 저는 진실을 따르는 삶을 살도록 권유했습니다. 저는 사람들이 참다운 관계를 맺는 공동체를 만들고자 했습니다. 제가 꿈꾸는 나라는 이 땅의 왕들이 추구하는 제국이 아닙니다." 예수가 말했다.

빌라도는 그의 말을 이해할 수 없었다. 하지만 그가 로마법상 반역자가 아니라는 심증은 굳어졌다. 하지만 유대 지도자들의 부탁을 무시할 수도 없었다. 지금 수많은 유대인이 밖에서 그를 압박하고 있었다. 이들을 무시하면 자신도 곤란한 처지에 놓일 것이 분명했다. 그에게 예수를 죽이라고 종용하는 유대 지도자들에게 짜증이 났다. 하지만 그들이 로마 본국에 자신의 비리나 무능을 고소하면 로마 총독 자리를 내려놓고 본국에 소환될지도 모를 일이었다. 그는 예수를 두둔하면 그의 정치적인 입지가 위험해질 것을 직감했다. 지금 이렇게 무력하게 서 있는 예수라는 인물을 죽인다고 손해 볼 일은 없었다.

이제 빌라도는 예수를 다그쳐서 유대 지도자들의 요구를 들어주기로 결심한다.

"그래서 당신은 왕입니까? 아닙니까?" 빌라도가 질문했다. 예수가 이 순간 자신은 왕이 아니라고 답변하면 간단히 죽음을 피할 수 있었다. 그런데 예수는 자기 죽음에 소명이 있음을 감지했다. 자신의 죽음으로 유대민족의 모순, 죄악, 어두움, 적폐가 해소될 것을 기대했다. 자신에게 지워진 소명이 분명하게 느껴졌다. 그는 가장 낮은 자리에서 인간의 연약함, 죄악, 실패, 콤플렉스, 그림자를 직면하겠다고 다짐했다. 이 순간의 대답에 그의 생명이 달려 있었다.

"저는 진실과 진리를 추구하는 사람들을 이끄는 지도자입니다. 그 지도자를 왕이라고 부른다면, 저는 왕이 맞습니다. 사실 당신이 말하는 그런 왕은 아닙니다. 진리에 목마른 사람들은 저를 찾아옵니다. 저는 그런 사람들의 마음에 진심으로 공감하는 지도자입니다." 예수는 천천히 대답했다. 빌라도는 이제 자신이 원하는 진술을 확보했다. 예수의 생명이 자신의 손에 달려 있다는 생각에 잠시 짜릿한 느낌이 들었다. 예수가 순순히 자신이 왕이라고 인정한 것이다. 반역죄로 십자가형에 처할 핵심적인 자백을 얻어낸 셈이었다. 하지만 새로운 궁금증이 그를 사로잡았다.

"당신이 말하는 진리가 무엇인가요?" 빌라도가 물었다. 그에게는 이런 질문을 할 호기심이 생겨났다. 하지만 그 진리가 무엇인지를 듣고자 하는 진정성은 없었다. 그는 예수에게서 진리의 흔적을 얼핏 느꼈다. 하지만 더 이상 깊이 생각하고 싶지 않았다. 그는 지금, 이 순간 자신 앞에 나타난 현안을 처리하는 데 급급했다. 그래도 예수를 십자가형에 처하는 것은 뭔가 찜찜한 데가 있었다.

"저는 예수에게서 어떤 잘못도 찾지 못하겠습니다. 예수를 유월절에 사면해 주는 죄수로 정하면 어떨까요?" 그는 유대인들에게 말했다. 로마 총독 관저에 모인 유대인들은 소리를 질렀다. 모두 종교 지도자들을 따라온 사람들이었다.

"예수는 안 됩니다! 바라바를 사면하시오! 바라바를 사면하시오!" 그들은 준비했다는 듯이 연호했다. 빌라도는 예수를 두둔하면, 유대 군중이 폭도로 변할까 걱정되었다. 그래서 그들을 기쁘게 해주는 조치를 취했다. 예수에게 심한 채찍질을 가했다. 군인들은 그를 둘러싸고 조롱했다. 예수에게 가시로 만든 왕관을 씌우고, 왕과 귀족이 입는 자주색 옷을 입혔다. 그리고 비웃었다. 이런 상황에도 무기력하게 서 있는 예수를 보면서 예수를 두둔할 이유가 없음이 분명해졌다.

"십자가에 못 박으시오! 십자가에 못 박으시오!" 이제 유대 군중은 더 큰 소리로 사형 판결을 요구했다. 빌라도는 이들의 주장이 터무니없다는 것을 너무도 잘 알았다. 하지만 이들의 요청을 들어주었다. 십자가에 못 박으라는 유대인들의 외침이 합리적인지 아닌지는 그의 관심 밖이었다. 이 결정이 그의 집권에 이익이 될지 여부만이 중요했다.

그는 세계 최고의 로마제국이 파견한 총독이었다. 그의 권위와 권력은 막강했다. 그의 뒤에는 강력한 로마군이 버티고 있었다. 그는 누가 뭐래도 유대 최고의 실력자였다. 그의 가장 중요한 책무는 정당한 재판이었다. 그러나 빌라도에게서 당당한 지도자의 모습을 찾을 수 없었다. 그는 로마 총독의 멋진 갑옷과 자색 망토를 두르며 거드름 피울 줄만 알았다. 정작 유대 지도자들이 선동한 무리가 예수의 십자가형을 요구하자 어쩔 줄 몰라 하며 그들의 요구에 영합했다. 권력자가 군중의 부당한 요구에 겁을 집어먹은 것이다.

그는 유대인들의 비난이 두려웠다. 유대 지도자들이 본국에 자신을 고소할까 봐 걱정했다. 그는 권력을 얻고, 유지하는 방법에 대해서는 잘 알았다. 하지만 권력이 무엇을 위해서 존재하는지, 어떻게 행사되어야 하는지에는 무지했다. 권력자의 옷을 입은 무능력자였다. 결국, 그가 마지막에 할 수 있는 말이라고는 이것뿐이었다.

"당신들이 그를 데려가시오. 여러분이 십자가에 못 박으시오. 그는 아무런 죄가 없다고 판단됩니다."

"우리 율법으로도 그는 사형자입니다. 자신이 하나님의 아들이라고 신성모독을 했으니까요." 유대인들이 물러서지 않고 말했다. 빌라도는 머리가 복잡했다. 뭔가 모를 찝찝함과 불안감이 마음을 엄습했다.

"당신은 어디 출신인가요?" 예수를 다시 불러서 심문했다. 예수는 아무런 대답을 하지 않았다.

"왜 내 말을 무시하나요? 내가 당신을 죽일 수도 있고 살릴 수도 있다는 걸 모르나요?" 불안해진 빌라도가 예수를 다그쳤다.

"저는 총독님의 결정에 제 생명이 달려 있다고 생각하지 않습니다. 총독님의 재판권은 하나님이 정의를 실현하라고 부여한 일시적인 권한에 불과합니다. 재판권은 하늘에서 총독님에게 위임한 것입니다. 그에 대한 책임이 따를 수밖에 없겠지요. 저를 반역자로 몰아서 고소한 사람들은 더 큰 책임을 져야 하고요." 예수는 담담히 대답했다. 빌라도의 내면 깊숙한 곳에서 예수를 석방하라는 음성이 들려왔다. 하지만 성난 유대 군중들의 외침에 그는 판단력을 잃었다.

"로마 황제 앞에서 자신이 왕이라고 주장하는 사람을 풀어주면 당신은 황제를 배반하는 겁니다! 본국에서는 반역죄를 처벌하지 않고 넘어가는 것을 가만두지 않을 겁니다." 군중들이 소리쳤다. 이제 판결 선고 시간이 다가왔다.

정오의 태양이 뜨거웠다. 재판석에 앉은 빌라도는 예수를 유대인의 왕이라고 언급한다. 그를 죽이라는 군중들의 외침이 들려온다. 군중들은 이제 사형을 연호한다. 빌라도는 못 이기는 척하면서 예수에게 십자가형을 선고한다.

그가 진행하는 재판이었지만 더 이상 재판장이라 할 수 없었다. 그는 끊임없이 이 판결 결과를 유대 지도자 탓으로 돌렸다. 말만 재판장이었지 정의와 진실을 위한 노력은 방기했다. 군중과 유대 지도자들이 원하는 대로 판결할 뿐이었다. 유대 군중의 압박을 묵인하면서 예수에게 사형선고를 내렸다. 그는 한사코 자신이 판결을 내린 것이 아니라며 책임을 회피하려 했다. 하지만 이 판결은 엄연히 빌라도가 내린 것이었다. 이 재판에 대한 최종 책임은 빌라도가 져야 했다. 그래서 사도신경은 지금도 그를 불의한 재판관으로 소환하고 있다.

고통의 끝에 선 인간

(요 19:1-42)

 억울한 일을 당하면 잠이 오지 않는다. 누군가가 무심코 던진 말 한마디에 회복할 수 없는 상처를 입고 평생 마음의 짐을 안고 살기도 한다. 일상은 아무 일 없었다는 듯이 돌아간다. 하지만 우리의 내면에는 답답함, 분노, 갈증, 우울함이 쌓여간다. 이런 상황에서 나를 부당하게 대우하는 사람을 만나면, 분노와 짜증이 터지게 된다. 이를 속으로 삭이다 보면 무력감과 자괴감에 빠지기도 한다.

 언어 폭력을 넘어서 육체적인 폭력까지 당하면 인간으로서의 자존감을 상실하게 된다. 폭력은 악하다. 그것은 인간의 존엄성을 파괴하고, 무너뜨린다. 이런 경험 때문에 어떤 이는 평생 거대한 트라우마를 짊어지고 살기도 한다.

 예수의 삶은 억울함, 상처, 아픔, 좌절의 연속이었다. 유대 지도자들로부터 끊임없는 견제와 비난, 위협을 받았다. 그때마다 예수는 탁월한 판단력을 보여주었다. 성숙한 인간만이 보일 수 있는 현명함, 재치와 용기로 문제를 극복했다. 진리와 대화해서 이길 수 없다는 것이 분명해지자 그들은 예수를 죽이기로 모의했다. 그들은 예수를 반역자로 만드는 작업에 착수한다. 예수에게 불리한 거짓 증언을 모으고, 유대인들과 로마 총독을 협박하고, 회유했다. 압박은 거기서 멈추지 않았다.

그들은 예수의 당당한 인격을 찢어서 굴복시키고자 했다. 폭력적 언어, 거친 주먹, 날카로운 채찍과 가시로 예수의 인격을 산산조각내고자 했다. 대제사장의 심문 절차에서 예수에게 다짜고짜 뺨부터 내리친다. 로마 총독의 심문 앞에서도 전혀 비굴한 기색이 없이 당당하게 답변하니까, 날카로운 금속이 박힌 채찍으로 온몸을 갈가리 찢어놓는다.

그들은 예수의 자존감을 뭉개기 위해서 모든 수단을 강구했다. 예수의 머리에 가시나무로 만든 왕관을 씌운다. 예수의 몸은 채찍질로 만신창이 된다. 그렇게 무력화시킨 후에는 왕들에게 입히는 자색 옷을 걸치게 한다. 예수에게 당신은 가짜 왕이라는 조소를 던진다. 너는 왕의 흉내를 내는 광대라고 비웃는 것이다. 몸을 무력하게 하고, 연약해진 예수를 정신적으로도 학대한다. 이 고문과 학대의 끝에는 십자가형이 있었다.

십자가를 등에 짊어지는 건 고문이었다. 무거운 사형

틀을 짊어지고 골고다 언덕을 오르는 것은 다른 차원의 고통이었다. 정상적인 체력의 장정도 어려운 걸 채찍질로 상한 몸으로 견뎌야 했다. 이것은 인간의 한계를 넘어서는 일이었다. 예수의 몸을 파괴하고, 정신까지 붕괴시키려는 시도는 너무 집요했다.

로마 제국과 종교 권력은 예수에게 끊임없이 모멸감과 자괴감을 안겨주었다. 그 구렁텅이에서 예수가 더 이상 재기할 수 없도록 절망의 나락에 빠뜨리려는 심산이었다. 인간이 인간으로서 대접받지 못하고, 인간성을 포기하도록 강요받으면 인간성을 버리는 데 오랜 시간이 걸리지 않는다. 악한 권력은 인간의 존재와 생명의 가치를 부정한다. 인간에게 숨만 붙이고 생명을 보존하라고 협박한다. 예수는 이런 거대한 악과 어둠을 몸으로 부딪쳤고, 감당해야 했다.

인간 관계에서 부당한 대우를 받거나, 비즈니스에서 불공평한 결과를 수용해야 하거나, 법정에서 부당한 판결을 받으면 울화가 치민다. 이렇게 크고 작은 고통이 모여서 우리의 심장을 조여오면, 우울증에 시달리게 된다. 침묵을 강요당하면서 타인의 힘과 권력 앞에서 무력하게 끌려다녀야 하는 가슴 아픈 경험들이 쌓이면 모멸감과 무력감에 허우적대게 된다. 우리도 크고 작게나마 예수처럼 빌라도의 법정을 경험하는 것이다. 비극적인 트라우마가 십자가에서만 일어나는 것이 아니다. 우리의 일상은 이런 경험의 연속이기 때문이다. 이런 경험이 차곡차곡 쌓이면, 우리는 스스로를 경멸하게 된다. 감정은 무뎌지고, 기계처럼 자동으로 반응하는 삶을 살게 된다.

인간이 감당할 수 없는 가혹한 경험들은 우리를 비인간적으로 만든다. 부모가 자녀에게, 직장 상사가 부하 직원에게, 악한 정부가 평범한 국민에게 가하는 언어적, 물리적 폭력은 인간을 파괴한다. 자신을 스스로 방어할 능력이 없는 무력한 아이들, 부하 직원, 평범한 백성들은 스스로를 방어하기 위해서 별다른 도리가 없다. 자신의 원함, 느낌, 생각을 포기해야 한다. 그에게 기다리고 있는 삶은 굴종적인 삶이다.

예수의 인간성을 파괴하기 위해 준비된 최악의 고문과 학대는 예수를 어떻게 만들었을까? 놀랍게도 그렇게 가혹한 고문과 학대도 예수의 인간다움을 훼손할 수 없었다. 예수가 어머니 마리아에게 건넨 말은 인간다운 죽음이 무엇인지를 보여준다.

"어머니, 제가 평생 옆에 있어 드리지 못해서 죄송해요. 요한이 저 대신 어머니의 아들이 되어줄 거예요." 이 말은 어머니의 가슴에 아로새겨졌다. 아들을 먼저 보낸 엄마는 평생 죄인으로 살아야 할지 모른다. 그녀를 구원하는 길은 아들 대신 평생 사랑할 수 있는 대상을 찾는 것이었다.

아들의 빈자리를 채워 줄 새로운 아들이 필요했다. 그런 필요를 감지하고 요한이 새로운 아들이 될 것이라고 말했다. 예수는 극도의 고통 속에서도 어머니에 대한 배려와 사랑을 아낌없이 드러냈다. 이런 말은 아무나 할 수 있는 것이 아니다. 누구보다 깊은 공감 능력을 갖춘 참다운 인간만이 할 수 있는 진실한 언어이기 때문이다.

"요한, 당신이 옆에 있어서 행복했어요. 제 어머니의 아들이 되어줄 수 있나요? 어머니 옆에 늘 함께 있어 주길 부탁해요." 어머니 옆에 서 있는 요한에게 말했다. 요한은 고개를 끄덕였다. 어느새 그는 마리아 옆으로 바짝 다가가 있었다. 예수의 따스한 마음이 마리아와 요한의 가슴을 적셨다. 울음을 억눌렀던 마리아의 눈에는 눈물이 폭포수처럼 쏟아지기 시작했다. 그녀는 새로 얻은 아들 요한을 껴안으면서 울었다. 요한은 새로 얻은 엄마의 등을 토닥이며 흘러내리는 눈물을 훔쳤다. 이렇게 부둥켜안은 마리아와 요한의 마음속에 예수의 따뜻함이 스며들었다. 그들은 깊이 울면서 신음했고, 서로를 위로해 줄 아들과 엄마가 있어서 위안을 받았다.

인간 취급을 받지 못한 예수가 보여준 행동은 가장 인간적이었다. 자신의 아픔을 타인의 아픔에 공감하는 자원으로 사용했다. 그 마음의 넉넉함은 죽음 앞에서 더 빛났다. 하지만 십자가에 못 박힌 그의 몸에서 물과 피가 쏟아

지면서 목마름이 예수를 괴롭혔다.

"목이 말라요." 예수는 말했다. 그 목소리는 조금 전보다 더 희미하게 들렸다. 생명의 끈이 얼마 남지 않았다는 것을 보여주는 듯했다. 그 말에 한 청년이 포도주를 적신 솜뭉치를 예수의 입가에 댔다. 포도주가 입술에서 혀로 목으로 조금씩 넘어갔다. 그 한 방울이 예수의 몸에는 큰 위로가 되었다. 뭔가 짐이 내려졌다는 듯이 예수는 숨을 내쉰다.

"이제 다 마쳤습니다. 제가 할 일을 다 했어요." 예수가 말했다. 예수의 얼굴은 고통으로 일그러졌다. 하지만 입가에는 옅은 미소의 흔적이 있었다. 그것은 온몸을 바쳐서 자신의 소명을 성취한 사람만이 누릴 수 있는 깊은 만족감의 징표였다. 그의 죽음은 가장 위대한 '왕'의 죽음이었다. 십자가 위에 쓰여있는 명패는 예수의 죽음에 대한 정직한 기술이었다. '유대인의 왕!' 그는 유대인으로 태어나서 나사렛에서 미천한 삶을 살았지만, 왕이라는 칭호가 누구보다 더 어울렸다. 빌라도는 예수를 반역죄로 몰아붙인 유대 지도자들을 골탕이라도 먹일 요량으로 '유대인의 왕'이라는 명패를 붙였다. 유대 지도자들은 예수가 왕을 스스로 칭하고, 하나님을 참칭한다고 몰아세웠지만, 예수의 죽음은 유대인의 왕의 죽음이었고, 참다운 인간의 죽음이었다.

예수의 죽음에는 짙은 어두움이 드리워 있다. 하지만 그 어두움 속에 공감, 사랑, 대화, 인간다움이 찬연히 빛나고 있다. 유대 지도자들이 예수를 죽음으로 몰아세워서 입증한 것은 예수가 참다운 인간이자, 진정한 인류의 지도자라는 사실뿐이었다. 어떠한 상황도 예수로부터 인간다움을 앗아갈 수 없었다. 우리는 인류의 거대한 악에서 피어나는 위대한 인간성을 보게 된다. 그래서 그는 인류의 희망이 되었고, 구원자이자 지도자가 되었다. 어찌 이런 분을 따르지 않겠는가? 어찌 이런 분을 사랑하지 않을 수 있겠는가?

상실의 동굴에서 찾은 희망
(요 20:1-18)

그날은 이른 아침이었다. 마리아는 총총걸음으로 서둘렀다. 알 수 없는 초라함이 그녀를 쫓고 있는 듯했다. 어제저녁 한숨도 못 잤다. 예수가 죽었다는 상실감이 그녀를 압도했다. 그녀가 할 수 있는 것은 애도뿐이었다. 그분과 함께했던 추억을 되짚어 보고, 그분의 이야기를 떠올리자 깊은 슬픔도 잠시나마 잊혔다. 그분이 부재한다는 거대한 결핍이 그녀를 다시 압도했다. 그녀는 서글프게 울고 싶었다. 예수가 안치된 돌무덤에서 마음의 안정을 얻을 수 있을 것 같았다. 홍수처럼 밀려오는 시름을 달래러 그녀는 무덤에 갔다. 죽은 예수 앞에서 애도하는 눈물을 흘리고 싶었다. 그녀의 몸이 그녀를 무덤으로 이끌었다.

그런데 무덤이 이상했다. 무덤을 가로막고 있던 돌이 한쪽으로 밀려나 있었다. 더욱이 예수의 시체는 굴속에 보이지도 않았다. 깊은 슬픔이 경악, 놀라움, 두려움으로 바뀠다. 그녀의 사고가 정지되었다. 그녀는 자신도 모르게 제자들에게 달려갔다.

"무덤이 텅 비어 있어요. 너무 충격적이에요. 누가 선생님의 시신을 훔쳐 갔을까요? 도대체 누가 어떤 이유에서 이렇게 끔찍한 일을 저지른 것일까요?" 제자들의 거처에 도착한 마리아가 실성한 사람처럼 소리쳤다. 그 이야기를 듣자마자 베드로와 요한은 무덤으로 달리기 시작했다. 무덤으로 달려가면서도 마리아가 실성했다고 생각했다. 무덤에 먼저 도착한 요한이 안에 고개를 들이밀어 살폈다. 예수의 얼굴을 감쌌던 수건, 시신에 입혔던 수의만 눈에 띄었다. 어디에도 예수의 시체가 보이지 않았다. 수의는 지금 막 벗어 던진 것처럼 흩어져 있고, 수건은 잘 썼다는 인사라도 하듯이 가지런히 개켜 있었다. 이 장면을 목격하고 나자, 혼자 무덤에 들어갈 엄두가 나지 않았다. 알 수 없는 두려움이 엄습했다. 베드로가 숨을 헐떡거리며 달려왔다. 그는 거침없이 무덤 안으로 발을 옮겼다.

정말 시체는 어디에도 없었다! 예수가 세상을 떠나 서러웠다. 그런데 애도할 시체마저 도난당했다. 어쩔 줄 몰랐다. 마리아가 실성한 것이 아니었다. 누군가가 시체를 가져간 것이다. 도대체, 누가 어떤 이유에서 이런 참담한 일을 벌인 것일까? 두 제자는 넋이 나간 표정으로 숙소로 돌아갔다. 하지만 마리아는 도저히 이 무덤을 떠날 수 없었다. 빈 무덤 앞에라도 앉아 있지 않으면, 그녀의 슬픔,

두려움, 충격이 진정되지 않을 것 같았다. 그 자리를 떠나면 더 큰 고통과 두려움이 몰려올 것 같았기 때문이다. 그녀는 이 고통을 피할 수도, 피할 마음도 없었다. 그녀는 예수 때문에 더 슬퍼하고, 울어야 했다. 그 방법 외에는 그녀가 치유 받을 길이 없었다.

그녀는 용기를 내서 다시 무덤으로 발을 옮겼다. 예수의 수의와 수건만 놓여 있는 두려움과 공포의 장소를 직면하려는 것이었다. 그녀의 심장은 점점 더 두근거렸다. 그녀를 기다리지 않고, 훌쩍 떠나버린 두 제자가 원망스럽기도 했다. 하지만 예수의 체취가 서려 있는 무덤의 흔적을 생각하며 용기를 냈다. 그 돌만 만져도 그녀의 슬픔이 조금이나마 가라앉을 것이라는 기대에 희망을 걸었다. 그런데 그녀는 거기서 너무도 신비한 일을 경험했다. 그 일이 너무도 충격적이어서 그녀는 자신이 꿈을 꾼 것인지, 환상을 본 것인지 자문했다. 무덤 안에서 그녀에게 말을 건 것은 천사였기 때문이다. 그녀가 무덤에 들어가자 흰옷을 입은 두 사람이 예수의 시체가 놓였던 머리맡과 발치에 앉아 있었다. 그녀는 이들을 본 순간 천사라는 사실을 그냥 알았다.

"왜 그렇게 울고 있나요?"

천사가 그녀에게 말했다.

"누가 선생님의 시신을 훔쳐 갔어요. 어디에 가서 선생님을 찾을 수 있을까요? 혹시 시체를 가져간 사람이 누구인지 알려줄 수 있나요?" 마리아는 기다렸다는 듯이 말했다. 마치 이 질문에 대답이라도 하듯이 천사들은 마리아의 뒤편을 바라본다. 마리아는 천사들의 눈빛이 머무는 곳으로 고개를 돌린다. 거기에 낯선 사람이 서 있었다. 그는 천사처럼 보이지는 않았지만 뭔가 익숙한 구석이 있었다.

"왜 울고 있나요? 누구를 찾고 있나요?" 사내가 마리아에게 말했다. 그녀는 그가 이 동산의 관리인이구나 싶었다. 이 사람이라면 그녀의 고민을 해결해줄 터였다. 다행이었다.

"혹시 선생님을 다른 곳으로 이장했나요? 어디로 옮겼는지 알려주시면 감사하겠어요. 여기에 매장할 수 없으면, 제가 다른 장소를 알아보도록 하겠습니다."

"마리아!" 그 사내는 익숙한 말투와 눈빛으로 그녀의 이름을 불렀다. 그녀를 따스한 눈빛과 공감의 언어로 불러준 사람은 아무도 없었다. 아니 오직 한 사람만이 그녀를 이렇게 불러주었다. 예수였다. 그는 그녀를 이해했고, 사랑으로 위로해주었다. 그녀는 그 따스함을 못 잊어서 빈 무덤을 지켰다. 그런데 그 목소리와 눈빛이 그녀에게 찾아온 것이다.

"선생님!" 마리아는 자신도 모르게 소리쳤다. 마리아가 예수를 만나서 나눈 대화는 서로의 이름을 부른 것이 전부였다. 그분에게 고맙다는 말, 사랑한다는 말, 죄송하다는 말을 늘 하고 싶었지만, 입이 떨어지지 않았다. 아니 그녀에게 이런 말들은 너무도 낯설었다. 거칠고, 폭력적인 인생을 헤치고 살아온 막달라 마리아가 할 수 있는 유일한 말은 '예수'의 이름을 부르는 것이었다. 하지만 예수는 마리아가 자기의 이름을 부를 때마다 그 의미를 너무도 잘 안다는 듯한 눈빛을 보내 주었다. 그래서 예수와 마리아 사이의 대화에서는 많은 언어가 필요 없었다. 서로의 눈빛을 교환하고, 이름을 부르는 것만으로도 감사, 공감, 이해, 신뢰를 전달하기에 충분했다. 그 낯선 청년이 예수임을 확인하는 데는 눈빛과 이름이면 충분했다. 그것이 바로 참다운 관계의 징표였기 때문이었다. 그 청년은 예수였다.

"저는 당신이 제게만 머물러 있기를 원하지 않아요. 어서 제자들을 찾아가서 저에 관한 이야기를 전해주세요. 그들도 당신처럼 울고 있을 테니까 말이에요. 저는 떠나는 것이 아니라 하나님과 하나 되는 길로 가는 거예요. 하나님 속에서 우리는 하나가 되지요. 그 하나님은 저의 하나님이자 당신들의 하나님이에요." 예수는 마리아에게 말했다. 이 만남은 마리아의 인생을 송두리째 뒤바꿔 놓았다. 그녀는 다른 사람들에게 예수를 만나서 나눈 대화를 전했다.

  예수가 떠난 것만 같았던 빈 동굴에서 예수를 만났다. 그 동굴은 예수의 실존과 메시지를 접촉하는 신성한 자리였다. 그 만남은 그녀에게 새로운 세계를 열어주었다. 세상과 담을 쌓고 살았던 폐쇄적인 마리아가 고통과 절망 속에서 예수의 실체를 접한 것이다. 구원과 부활은 이렇게 찾아온다. 고난의 끝으로 나아가보자. 악과 환멸을 경험한 은밀한 장소로 들어가 보자. 깊은 트라우마와 콤플렉스의 끝에는 치유하고, 위로하고, 공감하는 예수가 계신다. 예수는 내 이름을 불러준다. 그 따스한 눈빛으로 우리를 새롭게 하고 소성시킨다. 부활의 경험은 멀리 있는 과거의 사건이 아니다. 예수와 함께 하는 사람이 지금, 이 순간 고통과 절망의 끝에서 경험하는 기적의 이야기다.

부활, 생명으로 가득 찬 신비

(요 20:19-31)

제자들의 마음은 복잡했다. 예수를 만났다는 마리아의 이야기는 충격적이었다. 그녀가 예수의 죽음을 받아들이지 못해서 미친 것일까? 모두 마리아의 말에 반신반의했다. 그녀가 예수가 살아났다고 이야기를 꾸며내는 것은 그리 이상한 일이 아니었다. 그녀에게 예수의 죽음은 있는 그대로 받아들이기에는 너무도 큰 고통이었기 때문이다. 그렇다고, 그녀를 막무가내로 미쳤다고 매도할 수도 없었다. 그녀의 진술은 함께 현장을 목격했던 베드로, 요한의 증언과도 정확히 일치했다. 마리아가 말하는 태도는 너무 객관적이고, 구체적이어서 꾸며낸 것이라고 보기에는 무리였다. 마리아가 미친 사람이었으면, 제자들이 이렇게까지 골치 아프지는 않았을 것이다.

십자가는 공포였다. 그 공포의 여운이 제자들의 머리에서 도무지 떠나질 않았다. 당장에라도 이스라엘의 최고 통치자가 될 것 같았던 예수가 이렇게 추락해버린 것은 충격이었다. 제자들의 꿈에는 로마 군인의 서슬 퍼런 채찍이 등장했고, 피로 물든 십자가가 나타났다. 그것은 깊은 트라우마였다. 생각하고 싶지 않아도 채찍과 십자가만 눈앞에 아른거렸다. 그들은 이런 아픔을 나눌 친구들이 필요했다. 자연스럽게 한 집에 모였다. 한 집에 모여 서로의 얼굴에 서려 있는 공포, 두려움, 아픔을 읽어 냈다. 두려움의 깊이만큼 대문에 자물쇠를 단단히 채웠다.

극도의 그림자와 어둠이 드리워진 곳에서 기적은 시작된다. 낯선 사내가 집안에 등장했다. 초조한 무리 사이에 평온한 얼굴의 사내가 나타난 것이다. 쥐새끼 한 마리도 들어올 수 없는 철옹성 같은 집에 어떻게 들어온 것일까? 이런 질문도 하기 전에 제자들은 직감적으로 이 사내가 예수라고 느꼈다. 두려움과 공포 속에서도 내심 예수를 기다리고 있었다. 마리아를 반신반의하면서도 그녀의 말이 사실이기를 바랬다.

"모두 두려워하고 있군요. 여러분에게 평화를 나눠주고 싶어요." 그 사내는 말했다.

그는 마리아가 만난 예수였다. 그는 팔을 벌려 제자들을 반겼다. 손에는 못이 관통한 깊은 구멍이 보였다. 그가 겉옷을 제치자 창 자국이 옆구리에 선명했다. 그 아픔이 제자들에게 전해졌다. 집안의 공기는 따스하게 변하기 시작했다. 두려움이 따스한 사랑으로 변하고 있었다. 제자들은 예수처럼 비참하고 잔혹한 최후를 맞을까 두려워하고 있었다. 이제 기쁨으로 가슴이 요동치기 시작했다. 십자가와 채찍이 더 이상 두려움과 패배의 상징이 아니었다. 그것은 치유와 회복, 구원과 부활의 은유였다. 제자들은 안도했다.

"여러분의 얼굴을 보니 기쁘네요. 평화는 우리에게 기쁨을 줍니다. 여러분도 저의 길을 걷기 바래요. 하나님을 만나고, 진리를 경험하세요." 그들을 보며 예수는 말했다. 방안은 차분하면서도 따뜻했다. 부드러우면서도 편안한 기운으로 가득 차 있었다. 예수는 깊게 숨을 들이마시고 내쉬었다. 온 우주를 호흡하는 듯한 느낌으로 숨을 내쉬었다.

"하나님을 만나세요. 거룩한 영이 여러분을 찾고 있습니다. 그는 호흡처럼 우리 안에 들어와서 공기처럼 감쌉니다. 그 영을 만나면 하나님이 우리와 함께한다는 확신을 갖게 됩니다. 우리는 수많은 갈등과 아픔 속에서 상처를 주고받습니다. 이런 상처에 얽매이면 노예가 되고 말아요. 치유는 우리가 자신의 아픔을 충분히 느끼고, 타인을 품는 마음에서 일어납니다. 용서만이 참다운 힘입니다. 진정한 힘을 가진 사람만이 용서할 수 있습니다. 용서만이 이 땅에 참다운 평화를 가져옵니다." 예수가 말했다. 예수는 제자들에게 깊고 따스한 여운을 남겼다. 예수는 평화를 가르친 것이 아니라 평화로 찾아왔다. 아니 평화 그 자체였다.

도마는 그날 그 자리에 함께하지 못했었다. 그는 다른 제자들을 과대망상증 환자들 취급을 했다.

"선생님이 찾아왔다고요? 죽었던 사람이 살았다는 말인가요? 저는 직접 그의 손과 옆구리를 보고, 만져봐야 믿겠어요. 참 이상하네요. 처음에는 마리아만 그러더니 이제는 모두가 이상한 말을 하는군요." 도마가 말했다. 제자들은 8일 동안 계속 모여서 예수에 관해 이야기를 나눴다. 그분의 가르침, 죽음 그리고 부활에 관하여 이야기했다. 도마만이 한쪽 구석에서 굳은 얼굴로 깊은 사색에 잠겨있었다. 그에게는 질문이 그치지 않았다. 도마와 다른 제자들은 같은 곳에 있었지만, 그들 사이에는 보이지 않는 견고한 벽이 버티고 있었다. 다시 모두가 기다렸던 일이 일어났다. 예수가 굳게 잠긴 집 안에 나타난 것이다. 도마는 당황했다. 그는 마음을 다잡았다. 그는 유령이 아닌지 의심했다.

"모두 잘 지냈나요? 늘 평안하시기를 바래요." 예수는 반갑게 인사했다. 예수는 기다렸다는 듯이 고개를 도마에게 돌렸다.

"도마, 당신의 손으로 제 손바닥을 만져보세요. 옆구리에도 넣어보고요. 의심하면서 회의하는 자리에만 머무르지 마세요. 제게로 다가오도록 하세요. 이렇게 우리의 마음이 연결되면 믿음을 갖게 될 거예요." 예수가 말했다. 도마는 더 이상 손을 뻗어 예수를 만질 이유가 없었다. 그는 이미 예수를 만났기 때문이었다. 그는 3년 반 동안 예수와 함께 먹고 자면서 예수를 느꼈다. 하지만 지금, 이 순간보다 강렬하게 예수의 흔적을 느낀 적이 없었다. 거기에는 그의 향기, 친절함, 따스함이 있었다. 그 순간 예수를 믿고 따른다는 것이 무엇인지 알 것 같았다. 예수를 매 순간 경험하며 사는 것이 신비롭게 느껴졌다.

"선생님, 저는 당신을 따르고자 합니다. 당신은 참다운 지도자입니다. 그리고 당신에게서 하나님을 봅니다." 도마가 말했다. 예수의 얼굴은 미소로 가득했다.

"저를 보고 믿음이 생겼군요. 볼 수 없어도 저를 만나고, 경험하고, 함께 하는 삶이 가능해요. 우리는 인격적이고 심오한 관계니까요. 그런 삶은 놀라운 축복이지요." 부활은 물리적인 실체를 직접 만지는 수준을 뛰어넘는 깊은 차원의 신비한 경험이었다. 예수는 부활해서 지금, 이 순간 우리에게 말을 건넨다. 마음을 열고 함께 대화하자고 환대의 손을 벌린다. 그 만남에는 따스함이 가득하다. 부활한 예수와의 만남은 생명으로 가득 찬 신비다.

먹고 산다는 것

(요 21:1-14)

삶은 그렇게 간단하지 않다. 예수를 다시 만나기는 했어도, 제자들은 먹고살아야 했다. 무엇보다 부양해야 할 가족이 있었다. 예수와의 재회는 그들의 삶을 송두리째 바꿔놓았지만, 당장 먹고살아야 했다.

"나는 어부 생활을 다시 시작하려고 해. 고기라도 잡아야 입에 풀칠할 것 같아. 가족도 걱정되고 말이야." 베드로가 걱정스러운 마음을 먼저 내비쳤다.

"우리도 같이 갈래요. 뭔가 살길을 찾아야지요." 옆에 있던 다른 제자들도 기다렸다는 듯이 맞장구쳤다. 그들은 갈릴리 호수에 배를 띄우고, 그물을 던졌다. 그런데 고기는 한 마리도 보이지 않았다. 나름 잔뼈 굵은 어부들이 조류의 흐름을 보고 그물을 던졌건만 밤새 물고기의 기척도 보이지 않았다. 고요한 저녁은 그렇게 지나갔다. 어스름과 함께 차가운 새벽공기가 몸과 마음을 싸늘하게 찔렀다. 알 수 없는 자책감과 허망함만 뱃전을 맴돌았다. '갈릴리로 돌아오기 잘한 것일까? 그 많던 물고기들은 다 어디로 간 것일까? 내 인생은 왜 이렇게 꼬일까?' 마음이 복잡해졌다. 그때 한 사내가 호숫가에 등장한다.

"물고기를 좀 잡았나요?" 그가 제자들에게 말을 건넸다.

"한 마리도 못 잡았어요." 제자들이 대답했다.

"그물을 배 오른쪽에 던져보세요. 거기서 잡을 수 있을 거예요." 그 사내가 다시 말했다. 이미 모든 것을 포기한 제자들에게 오른쪽에 그물을 던지는 것은 별 대단한 일이 아니었다. 잠시 후 그물이 묵직해졌다. 도저히 그물을 끌어 올릴 수 없을 만큼 많은 물고기가 걸려들었다.

"저분은 예수님이예요." 그 순간 요한이 소리쳤다. 베드로가 기다렸다는 듯이 물속에 뛰어들었다. 예수라는 외침이 물고기, 배, 그물, 어부, 생업 같은 단어를 베드로에게서 날려버렸다. 머릿속에는 예수 생각뿐이었다. 거대한 호수 위에서 밤새 고기잡이를 하며 허무함과 자괴감이 그를 사로잡았다. 익숙한 어부 생활이 너무도 낯설었다. 평생 그의 제2의 고향이었던 갈릴리 호수가 너무 멀게 느껴졌다. 깊은 마음이 말했다. 그의 존재는 어부의 삶에서 이미 떠났다고 말이다. 예수라는 이름을 듣는 순간 그는 알았다. 그는 밤새 물고기를 기다린 것이 아니라 그분을 기다렸던 것이다. 그래서 일분일초도 지체할 수 없었다. 그물을 올린 뒤에 배가 호수에 대기를 기다릴 여유가 없었다. 그에게는 지금 당장 예수가 필요했다. 그분과의 만남만이 그의 존재를 가라앉힐 수 있을 것을 확신했다. 예수 안에서만 안식과 의미가 있었다.

예수는 먼저 숯불에 생선을 굽고 있었다. 옆에는 빵도 놓여 있었다. 그들이 밤새 갈릴리 호수 곳곳에서 찾아다녔던 생선이 여기 있었다. 가족들과 함께 먹기 원했던 빵도 여기 있었다. 예수는 나와 함께 머무는 곳에 빵과 생선이 있다는 말을 하려는 것 같았다. 예수를 떠나서 다시 어부로 돌아가면 먹고 살 수 있으리라 생각했었다. 하지만 예수를 만난 사람은 이전으로 돌아갈 수 없다는 것만 밤새 깨달았다. 예수 없이는 그들의 삶은 의미 없다는 것을 분명히 알았다. 별이 총총 빛나는 아름다운 호수의 정경이 허무하게 무너지는 것도 순간이었다. 그분을 다시 만난 순간 베드로와 제자들의 마음에 활짝 핀 꽃에서 전해지는 생기가 찾아왔다.

따뜻한 생선이 입안에 들어와 추위를 녹여주었다. 예수가 떼어주는 떡은 몸도 마음도 따뜻하게 주었다. 빵 다섯 개와 물고기 두 마리로 5천 명이 넘는 사람을 먹인 사건이 떠올랐다. 예수는 항상 제자들의 배고픔과 목마름에 관심을 가졌다. 하지만 늘 그 욕구를 넘어서 본질적인 갈망의 자리로 이끌어가곤 했다. 베드로는 잘 알았다. 생선과 빵을 건네준 예수의 행위는 기본적인 욕망을 채우는 자리를 넘어서 근본적인 소명과 사명의 자리로 나아가라는 제안이었음을 말이다.

예수는 떡과 생선을 건넨다. 이렇게 예수는 우리의 먹고사는 문제에 관심을 기울인다. 그 손길의 따스함과 친절함에 빵과 생선을 집어 든 제자들은 목이 멨다. 그 밥상에는 사랑과 배려가 녹아있었다. 그리고 우리의 필요를 채워 주며 새로운 세계로 인도하는 예수만의 독특한 어법이 녹아있었다. 그분은 먹고사는 현장에 우리와 함께한다. 함께 먹고 마시지만, 우리가 거기에만 머무르기를 원하지 않는다. 사람이 떡으로만 사는 것이 아니라는 강력한 여운을 남긴다. 먹고 사는 것만이 전부가 아니라고 말한다. 베드로는 밤새 갈릴리 호수를 헤매며 그 허무함을 온몸으로 느꼈다. 떡을 먹으며 예수와 눈빛이 마주치자 삶은 떡을 먹는 것 이상의 심오한 문제라는 것이 분명해졌다.

예수 말대로 오른쪽에 그물을 던지니 153마리를 한 번에 잡는 쾌거를 달성했다. 이런 성공이 몇 번만 계속되면 갈릴리 지방의 거부가 되는 것도 시간문제였다. 하지만 예수가 건넨 빵과 생선을 먹으면서 삶은 단순히 어부라는 직업을 갖고, 큰 배를 구매하고, 집을 사고, 어부를 고용해서 큰돈을 버는 것 이상의 문제라는 사실이 분명해졌다. 이런 어획량이면 옆집에서 빌린 돈도 갚고 가족들 먹을 음식도 장만할 수 있으리라는 생각에 마음이 놓이기도 했다. 하지만 이전처럼 흥분되지 않았다. 그것은 가족을 부양하고, 부유해지는 것이 인생의 전부가 아니라는 것을 깨달은 사람만이 느끼는 보다 본질적인 느낌이었다.

제자들은 앞에 놓인 생선과 빵을 보면서 그들 앞에 더 가야 할 여정이 있음을 깨달았다. 그들은 여기서 먹고, 살다 죽을 운명이 아니었다. 빵과 생선으로 인간의 영원한 갈망을 일깨워주는 예수의 손길은 너무도 따뜻했다. 그래서 베드로는 그분이 좋았다. 그의 가르침은 가르침이 아니라 삶이었고 음식이었다.

마지막 대화

(요 21:15-25)

아침 식사는 몸과 마음을 따뜻하게 데워주었다. 밤새 베드로를 억눌렀던 공허함과 어지러움도 가라앉았다. 예수가 앞에 있다는 사실만으로도 위안을 얻었다. 그와 함께 있으면 마음이 가라앉았다. 칠흑 같은 밤에도 길이 보이는 듯했다.

"베드로, 저를 사랑하나요?" 예수는 베드로에게 물었다.

"선생님도 아시잖아요. 저는 당신을 사랑합니다." 베드로는 따스함에 이끌려 대답했다.

"저를 따르는 사람들을 돌보아 주길 바래요. 좋은 지도자가 되어주세요." 예수가 말했다.

"베드로! 저를 사랑하나요?" 예수가 다시 물었다. 두 번째 질문은 베드로를 당황하게 했다. 한없이 따스하고 자애로운 그의 눈빛과 목소리에 더 초조해졌다.

"선생님, 저는 당신을 사랑합니다. 잘 아시잖아요." 베드로는 용기를 내서 대답했다.

"제 사람들을 돌보아 주세요. 좋은 지도자가 되어주세요." 베드로는 마음을 다잡았다. 예수의 반복적인 질문의 의미가 무엇인지 곱씹어보았다. 생각할수록 불안해졌다.

"베드로, 당신은 저를 사랑하나요?" 예수가 세 번째로 물었다. 그 질문은 슬픔을 몰고 왔다. 베드로의 눈에 눈물이 고였다. 베드로는 자문했다. '내가 과연 선생님을 사랑하는가? 사랑이 도대체 무엇일까? 내가 사랑이라는 걸 아는 걸까? 자기 확신에 빠져서 진정한 사랑을 이해하지 못하는 것은 아닌가? 나는 그가 재판받던 그 날 밤, 세 번이나 그를 부인했다. 더 이상 사랑한다고 고백할 자격도 능력도 없는 게 아닐까? 그래도 그분을 사랑한다고 말할 수 있을까?'

"선생님은 모든 것을 알고 있잖아요. 저는 이전처럼 저 자신을 믿을 수 없어요. 저는 연약한 사람이에요. 그래도 저는 선생님을 사랑해요. 제 마음이 당신에게 전해지고 있지 않나요?" 베드로가 대답했다. 예수는 모든 것을 잘 알고 있다는 듯 눈동자를 반짝였다.

"제 사람들을 부탁할게요. 좋은 지도자가 되어주세요." 예수는 또다시 말했다. 예수의 이야기는 여기서 끝나지 않았다. 마치 이 말을 하려고 앞의 질문을 반복한 듯했다. 말 한마디 한마디에서 진심을 느낄 수 있었다.

"베드로, 잘 들어요. 당신은 이제까지 마음이 원하는 대로 자유롭게 살았어요. 하지만 이제는 어린아이 같은 자기 중심성을 뛰어넘을 때가 되었어요. 자기애를 벗어버리세요. 그래야 좋은 지도자가 될 수 있어요. 타인에게 자신을 내어주는 지도력을 발휘해야 해요. 저의 길을 따라오세요." 이 말은 베드로에 대한 예언이었다. 결국, 베드로의 삶으로 이어졌다. 베드로는 위대한 지도자로 인생을 마감했기 때문이다. 그는 연약함을 인정하면서 끊임없이 변화하고 성장했다. 그리고 자신을 넘어서 타인을 위해 살았다. 그는 존재로, 삶으로 예수에 대한 사랑을 증명했다.

예수와 은밀한 대화를 나누던 베드로는 자신에게 집중된 관심을 요한에게로 돌렸다.

"선생님, 요한은 어떤 삶을 살게 될까요?" 뒤에 걸어오던 요한을 쳐다보며 물었다.

"이 세상 끝까지 요한을 살려둔들 당신과는 어떤 상관도 없어요. 요한에게 신경 쓰지 말고 저를 따르세요. 당신은 당신 홀로 살아내야 할 인생의 몫이 있어요. 요한에게도 요한만의 길이 있듯이요." 예수는 요한에 관심을 둔 베드로를 질책하듯이 말했다.

우주의 기원에서 시작한 이야기는 한 인간이 외롭게 걸어가야 할 소명을 언급하면서 마친다. 우주는 하나님에게서 시작되었고, 인간의 성장과 변화에서 완성된다. 요한복음은 한 인간이 자신을 찾고, 자신을 버린 뒤에 거대한 우주적 소명을 성취하는 대서사시이다.

  예수의 탄생, 삶, 죽음과 부활은 장중한 악장으로 엮인 교향곡의 아름다운 선율이 되어 우리를 초대한다. 그리고 우리에게 우리만의 아름다운 교향곡을 써나가라고 제안한다. 다른 사람이 어떻게 쓰는가는 상관없다. 내게 주어진 나만의 곡을 우주에 남기라고 말한다. 인간은 우주에서 탄생해서 소멸하는 것이 아니다. 예수와 함께 다시 탄생하여 우주에 기적을 만든다. 이 죽음과 부활의 기적이 인간 안에서 이뤄질 수 있다는 것을 보여준 것이 예수의 삶이었다. 이 삶은 지금도 우리 안에서 반복된다.

추천하는 말 1

상상력과 신앙으로 다시 만나는 예수 이야기

이 책은 요한복음 주석이나 강해서가 아니다. 이 책은 요한복음 속으로 들어가 등장인물들과의 입체적인 교감을 나눠 본 독자가 써 내려간 독후감이다. 요한복음을 공감적으로 몰입해 여러 번 읽고 성찰하고 곱삭힌 독자만이 쓸 수 있는 아주 독특한 구어체 요한복음 해설서이다.

저자는 전통적인 주석서나 강해서의 형식을 따르지 않지만 요한복음의 핵심 메시지를 제대로 포착하고 부각하고 있다. 독특한 설화체 요한복음 독후감에서 전통적인 장별, 단락별 해석을 취하는 대신에 요한복음의 서사적 줄거리를 따라가며 요한복음 저자와 생동감 넘치는 대화를 전개하고 있다. 저자는 엄밀한 학문적 차원에서 요한복음을 해석하려고 시도하지 않거니와 요한복음의 해석사에 등장한 선행연구들에 영향을 받지도 않는다. 오로지 순전히 자신의 실존적 지평에서 깊이 묵상해 체득한 요한복음 저자의 의도를 생생하게 복원하려고 한다.

저자의 집요한 초점은 요한복음의 등장인물들과 예수가 만나는 현장에 밀착하고 참여하여 그들의 육성을 청취하는 데 있다. 이 과정에서 그는 요한복음의 저자, 요한복음의 등장인물들, 예수의 육성을 재생하려고 애쓴다. 요한복음 저자는 요한복음을 육하원칙에 따라 예수의 일대기나 특정 시기의 공생애를 연대기적으로 기록하지는 않았을 가능성이 크지만 저자는 최대한 장과 장, 단락과 단락 사이의 단절감을 해소하는 방향에서 요한의 예수 증언록을 복원하려고 한다. 이 과정에서 동원되는 저자의 문학적 상상력과 신앙적인 열정은 요한복음을 복음의 초청으로 읽으려는 사람들에게 독특한 호소력을 발휘한다.

이 책은 요한복음이 하나의 신학 논문이 아니라, 서사적 줄거리를 갖춘 이야기였음을 상기시키는 본문 정합적인 이야기체 해설이기 때문이다. 이 책은 절 마다, 단어마다 미시적 해석을 가하는 전문 학자들의 주석서나 강해서에 질린 독자들에게는 신선한 해독제가 될 것이다.

문학적 글쓰기 재능과 상상력 그리고 신앙적, 영적 통

찰력이 시너지 효과를 내면서 요한복음 전체를 친절하고 온화한 복음 이야기로 풀어가는 저자는 현직 변호사이지만 변호사로만 살기에 아까운 문체를 보유한 문필가이다. 저자의 또 다른 성경 연구서도 기대해 본다.

김회권(숭실대학교 교수, 기독교학과)

추천하는 말 2

무지, 빛을 건너는 징검다리

박현욱은 법에 기대 살고 있는, 잘나가는 변호사다. 법의 세계는 심판의 세계다. 옳음과 그름, 성공과 실패, 심판과 정죄는 그의 일상이었다. 그 세계는 우리를 어쩔 수 없이 각박하게, 경직되게, 차갑게 만든다. 잘나갈수록 영혼의 감옥이다.

어느 날 그는 예수에 매료된다. 자유로운 예수, 자연스러운 예수, 함께 하는 이를 자연스럽게 자유롭게 하는 예수! 그는 예수에 귀를 기울인다. 무엇보다도 그의 말씀 앞에 서면 정직해진다. 무지가 부끄럽지 않았고, 아는 척하지 않아도 되었다. 니고데모처럼. 오히려 자신의 무지를 기쁘게 발견했다. 무지의 지였다. 그것은 그를 거듭나게 했다. 그 안의 빛을 깨우는 징검다리였다. 그는 니고데모에서 요한으로 건너가고 있다.

요한복음은 생명의 복음, 빛의 복음이다. 현대의 니고데모, 박현욱이 전하는 요한복음, 요한이 만난 예수 이야기를 읽고 있으면 세상을 두려워하지 않을 빛이 내 안에 있음을 발견하게 된다.

이주향(수원대학교 교수, 철학)

추천하는 말 3

지금도 우리 안에서 반복되는 예수의 삶

박현욱은 평신도 교회의 평신도 신학자다. 물론 '평신도'(laity)는 문제적 용어다. 평신도라는 말에는 '비범한 신도'가 '평범한 신도'를 무시하고 차별하는 권위주의가 전제되어 있기 때문이다. 그럼에도 불구하고 '평신도 신학자'라는 표현을 사용하는 이유는, 신학은 평범하지 않은 신도인 신학자나 목사만 하는 게 아님을 강조하기 위해서다. 평신도 신학의 필요성과 가능성을 제시한 존 캅은 "신학이란 그리스도인의 의도적 사고"라고 했다. 신학은 '하느님의 백성'(laos)인 '모든 그리스도인'의 것이다.

전통적 의미에선 예수도 평신도였다. 박현욱은 예수가 "제사장 가문 출신도 아니고, 성서에 대한 공식적 교육을 받은 인물도 아니었다"는, 즉 평신도였다는 사실에 주목한다. 그런데 "너무나 신비한 일이 평범하다 못해 모자라

보이는 사람에게 일어"났다. 저자는 "나사렛 목수에게 하나님의 영이 임했다는 사실은 놀라운 가능성이자 혁명"이었으며, 그것은 "이제 모든 인간이 하나님을 경험할 수 있는 길이 열렸다는 선언"이라고 한다. 이 책은 한 평신도의 예수 경험에 대한 신학적 성찰의 이야기다.

저자가 선택한 텍스트는 요한복음서다. 성서의 네 복음서 중 요한복음서는 해석하기 가장 어려운 책이다. 신비적이고 추상적인 탈역사적 이야기가 많기 때문이다. 역사적 예수 이야기를 하기 위해서는 마가복음서를 텍스트로 하는 게 더 안전하고 수월했을 것이다. 그러나 때로는 추상이 더 많은 삶의 진실을 드러내는 공간을 만들기도 한다. 아마도 저자가 바랐던 것이 바로 그 '공간'이었을지도 모르겠다. 비어있는 공간에서 그의 경험과 생각과 상상을 자유롭게 펼치며 예수를 만나보고 싶어서 요한복음서를 텍스트로 선택했던 것은 아닐까?

저자가 성서를 자유롭게 해석하고 오늘 자신의 삶의 자리에 연결하는 것은, 성서문자주의나 축자영감설을 맹신하는 사람들에게는 불편하고 위험해 보일 수도 있을 것이다. 하지만 이는 현대신학의 기본 방법이다. 존 웨슬리의 사변형(Wesleyan Quadrilateral)처럼 신학의 자원은 성서,

전통, 이성, 경험이다. 성서는 신학의 '한' 자원이다. 그러므로 한 자원에만 매몰되어서는 현대인과 소통하는 신학을 구성할 수 없다. 저자는 자신이 속한 전통과 자신의 이성과 경험을 활용하여 성서에 기록된 이야기의 행간 또는 공간을 채운다.

저자는 요한복음서를 "한 인간이 자신을 찾고, 자신을 버린 뒤에 거대한 우주적 소명을 성취하는 대서사시"로 읽는다. 그리고 그 대서사시는 예수에게서, 요한에게서 끝나지 않고, 오늘의 그에게, 우리에게로 이어져야 한다고 믿는다. "[예수의] 삶은 지금도 우리 안에서 반복된다." 이 책은 1세기의 예수를 기억하고 기념하는 데서 그치지 않고 오늘의 삶에서 재현하고 싶어하는, 21세기 한 그리스도인의 뜨거운 예수 사랑 이야기다.

정경일(성공회대학교 신학연구원 연구교수)

추천하는 말 4

예수의 자기비움을 녹여낸 삶의 이야기

저자가 만난 역사의 예수, 부활의 그리스도는 성서주석에 갇히지 않고, 해석학적 지평을 열어주면서 우리에게 깊은 감동을 선사한다. 오늘날 제도 기독교에서는 그런 감동을 접하기는 매우 어려워졌다는 사실에 안타깝다. 우리 신앙이 하나님의 이름과 그 본질에서 벗어나 있기 때문일 것이다. 우리는 역사 속에 살아있는 힘을 갖기 위해서 하나님이 어떤 분인지 계속 질문해야 한다. 하나님은 사랑이다!

하나님이 억울하고 서럽게 불의로 고통당하는 사람들과 그들의 역사적 현실 앞에 자신을 드러내보이고자 몸부림친다는 것을 이해해야 한다. 하나님의 성육신 사건은 하나님이 역사의 슬픈 현장에서 육화되는 순간이다. 성육신(incarnation)은 하나님의 자기비움(kenosis)의 이름이고, 자기비움은 예수가 하나님이 되는 아픈 과정이다. 기독교 복음은 성부의 성육신이 성자의 처절한 십자가 죽음을 통해 탄생되는 것이다. 이러한 하나님과 예수의 하나됨이 복음의 동력이고, 역사 변혁을 가져오는 힘이다. 하나님과 예수의 이 같은 동일성(identity)는 요한복음에서 가장 장엄하게 드러난다. 요한복음의 예수를 제대로 만나게 되면 십자가 처형과 그 고통과 함께 부활승리의 기쁨에 역동적으로 참여하게 된다.

이 책은 하나님의 성육신과 예수의 십자가라는 처절한 자기비움을 다루고 있다. 저자가 평신도 교회의 평신도라는 정체성을 가지고 이 주제를 표현해내고 있다는 사실에 자랑스럽다. 이 책은 새길 공동체의 주역인 저자의 예수 관찰기라고 할 수 있다. 필자는 그 복음적 가치를 언급하고자 한다. 그는 역사적 예수의 모습을 스무 개가 넘는 에피소드로 담담하게 기술한다. 그리고 예수 부활에 관한 이야기는 간략하게 스케치한다. 저자는 예수 부활을 "생명으로 가득찬 신비한 사건"으로 해석하지만 부활의 전모는 이 해석을 뛰어넘는 의미를 지닌다. 그러나 그는 부활을 말로만 강조하고 실제 삶에서 부활의 동력을 살려내지 못하는 제도 기독교의 현실을 극복하는 신앙적 인식과 의지를 보여주고 있다.

요한복음은 부활사건을 어떻게 묘사하고 있는가? 요한복음의 부활예수의 메시지는 매우 감동적이다. 부활사건을 통해 새로운 공동체가 탄생한다. 십자가를 통해 사랑공동체, 희망공동체, 정의공동체를 만들어낸 것이다. 살육당한 예수는 사랑의 나라(lovedom), 곧 사랑실천 공동체를 통한 공의와 샬롬의 새 질서를 세우기 위해 기독교 공동체를 세웠다. 예수는 생전에는 제자들에게 사람 낚는 어부가 되라고 했지만 부활 예수는 베드로에게 '내 양을 먹이라'고 분부한다. 예수는 이 땅에서 소외되고, 버려지고, 상처받은 이들을 내 양떼라고 부른다. 그들을 도와주고, 치유하고, 인격적인 주체로 스스로 설 수 있도록 돌보라 한다. 하나님의 사역은 이러한 목회적 돌봄으로 세상의 구조적인 모순과 악에서 주님의 양을 치유하는 것이다.

이런 돌봄에서 성육신(incarnation)은 자기비움(kenosis)로 발전하게 되고, 자기비움이 성육신으로 이어지면서 희망공동체는 역사변혁공동체로 발전하게 되는 것이다. 부활이 사역으로 이어져 세상을 새롭게 변화시키는 것이다.

많은 독자들이 이 책을 읽고 공동체를 새롭게 하기를 바란다. 세상의 어둠을 몰아내고, 불의한 구조를 공의의 질서로 변혁하는 소명에 참여하기를 소망한다. 이 땅에 평화와 정의가 큰 강물처럼 흐르기를 기도한다. 하나님의 새로운 질서가 새 하늘과 새 땅으로 우리 조국강토에 우람하게 세워지기를 바란다.

한완상(前 부총리, 통일원장관)